KB189673

정직한 믿음

정직한 믿음

발행일	2023년 8월 23일

지은이	최재원		
펴낸이	손형국		
펴낸곳	(주)북랩		
편집인	선일영	편집	윤용민, 배진용, 김부경, 김다빈
디자인	이현수, 김민하, 김영주, 안유경	제작	박기성, 구성우, 변성주, 배상진
마케팅	김회란, 박진관		
출판등록	2004. 12. 1(제2012-000051호)		
주소	서울특별시 금천구 가산디지털 1로 168, 우림라이온스밸리 B동 B113~114호, C동 B101호		
홈페이지	www.book.co.kr		
전화번호	(02)2026-5777	팩스	(02)3159-9637

ISBN	979-11-6836-869-9 03230 (종이책)		979-11-93304-04-4 05230 (전자책)

(주)북랩 성공출판의 파트너
북랩 홈페이지와 패밀리 사이트에서 다양한 출판 솔루션을 만나 보세요!
홈페이지 book.co.kr · **블로그** blog.naver.com/essaybook · **출판문의** book@book.co.kr

작가 연락처 문의 ▶ ask.book.co.kr
작가 연락처는 개인정보이므로 북랩에서 알려드릴 수 없습니다.

정직한 믿음
TRUST

심 리 상 담 사 가 바 라 본 믿 음 의 방 법

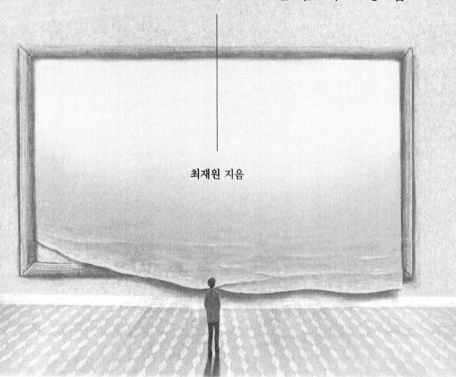

최재원 지음

북랩

들어가는 말

내가 이 글을 쓰는 것은 누구에게 무엇을 알려주고 가르치려는 것이 아니라, 하나님이 나를 가르치실 수 있도록 하기 위해서였습니다. 내가 글을 쓰기 시작할 때 하나님도 나를 가르치기 시작하셨기 때문입니다.

이 책은 내가 절망스러운 시간 동안에 회복할 수 있는 힘을 가져다주곤 하였고, 때로는 이 책의 내용들을 나 자신이 의심 없이 받아들이고 있는지, 그리고 그렇게 살고 있는지에 대한 고통스러운 검증의 시간을 보내기도 하였습니다.

나는 이 글을 읽기 시작한 독자들이 성급하게 책을 덮지 않기를 바랍니다. 보다시피 책의 내용이 많지 않을 뿐 아니라, 분명히 여러분도 나처럼 이 책을 통하여 의미 있는 여행을 시작할 수 있을 것이라고 믿기 때문입니다.

그렇지만 혹시라도 나에게 부담이 되는 것은, 말이나 글로써 하나님에 관하여 표현하는 것은 언제나 많은 한계에 부딪힐 수밖에 없는 작업이며, 가끔은 오해를 불러일으키기도 한다는 사실입니다. 내가 깨달은 후에라도 나의 글이 정확히 나의 생각을 담아내는 것에 한계가 있을 수 있으며, 또한 그것을 읽는 사람 역시도 글에 어렵게 담긴 저자의 의도를 간파하기가 쉽지 않을 수 있기 때문입니다.

그래서 가끔은 생각들을 글로 쓰려고 하는 것이 마치 춤을 설명하기 위해 사진을 찍는 경우와 같을 수 있겠다는 생각을 하게 됩니다. 그런 사진으로는 가끔 사진사의 의도와 상관없이 오해를 만들기도 하며, 얼마나 열정적이고 매력적인 춤이었는지도 이해하기 어려울 수 있는 것처럼, 하나님을 경험한 사람들이 하나님에 관하여 설명하는 일이 그럴 수 있기 때문입니다.

그러나 멈춘 사진들에 생기를 불어넣어 우리 각자에
게 맞는 감동을 전하여 주실 분이 또한 이 책을 시작하셨
을 것이라고 믿습니다.

차
례

부록

첫 번째 시간
정직

이미 예상하셨겠지만 저는 지금부터 여러분과 약간은 심리적인 관점에서 제가 알아가고 있는 믿음에 대해 나누고자 합니다. 그렇다고 해서 아버지 학교나 치유 세미나 같은 이야기를 하려고 하는 것은 아닙니다. 대부분 많은 사람들이 잘 이해되지 않지만 이해했다고 스스로 생각하기도 하고, 또 조금이라도 이해되지 않는 부분이 있으면 안 될 것 같은 믿음에 대한 이야기입니다. 조금 더 진지하고 솔직하게 이야기하려고 하면 불편해질 수 있는 내용입니다.

지금까지와는 조금 다른 이야기를 하게 될 것이며, 여

러 가지 도전에 직면하면서 쉽지 않은 여정을 시작하게
될 수도 있을 것입니다. 하지만 안심하서도 좋습니다. 만
일 여러분이 믿음에 대하여 아직 진지한 마음이 없다면,
이 책이 여러분에게 해 줄 수 있는 일은 거의 없을 것이
며, 어제와 같은 하루를 살아가면 될 것이기 때문입니다.

하지만 우리는 다른 사람들의 이야기를 듣고 그들의
신념을 따라 행동해야 하는 것이 아닌, 결국 스스로 이해
하고 우리의 신념을 따라 선택하며, 그에 대하여 책임을
져야 하는 존재들입니다. 그리고 이러한 의무에서 아무
도 우리 자신을 대신할 수는 없습니다.

그러므로 우리가 복음을 어떻게 받아들일지는 우리
마음 중심에서 일어나는 스스로의 선택이어야 하며, 얼
마나 정직한 선택이었는지에 대한 책임도 우리가 져야
합니다. 성경에서도 단지 다른 사람들의 가르침을 따르
라고 하는 대신, 배우고 확신한 것에 거하라고 한 것은,
바로 우리 자신의 정직한 선택이어야 하며 우리의 책임
이라는 점을 강조한 것이라고 할 수 있습니다.

따라서 이 이야기를 하기 전에 여러분과 정직함에 대하여 이야기해 보려고 합니다. 흥미로워 보이지 않을 수도 있지만, 믿음에 대하여 이야기하려면 우리의 믿음을 정직하게 바라볼 수 있는 능력이 우선 있어야 하기 때문입니다. 실제로 많은 사람이 스스로를 어떻게 쉽게 기만하고 있는지와 또한 그로 인하여 어떤 인생의 함정에 빠지게 되는지를 안다면 놀라게 될 것입니다.

화가 나지만 나지 않은 것으로, 불편하지만 불편하지 않은 것으로, 정확히 알지 못하지만 아는 것으로, 자랑하고 있지만 그렇지 않은 것으로, 거짓말하고 있지만 솔직한 것으로 스스로를 합리화하는 모습을 주위에서 쉽게 볼 수 있습니다. 그리고 아이러니하게도 이러한 기만들로 인해 인생에서 많은 어려움을 겪게 되곤 합니다.

사실 상담을 진행하면서 느낀 것은, 우리가 정직함을 많이 훈련해왔다면 거의 대부분의 심리적 증상이나 어려움은 피할 수 있었을 것이라는 사실입니다. 실제로 대부분의 상담은 자신이 건강하지 못한 부분에 대해 정직할 수 있도록 훈련하는 일입니다. 여기서 우리가 정직해야 한다는 말이 아니라 정직함을 훈련해야 한다는 표현을 한 이유는, 정직함이 그저 있는 사실을 그대로 이야기하면 되는 단순한 차원의 행동이 아니기 때문입니다.

정직함에는 몇 가지 지혜롭고 성숙한 확인들이 필요하며, 바로 이러한 것들을 훈련하는 일은 상당한 시간과 노력이 필요합니다. 오늘부터 당장 정직하려고 결심한다고 해서 쉽게 이루어지는 것이 아니라는 뜻입니다. 정직하기 위해서는 꽤 많은 결심과 오랜 시간 유지할 수 있는 동기, 자신을 통찰할 수 있는 능력, 그리고 상대방을 배려하는 마음 등이 필요하며, 이런 것들은 하나하나 많은 시간이 필요합니다.

하지만 이러한 훈련은 단언컨대 이 세상에서 가장 의미 있고 중요한 훈련이라고 확신하고 있습니다. 하지만 많은 사람이 오히려 정직해지기보다 자신과 남을 속이며 점점 더 교묘해지는 훈련을 하고 있다는 것이 우리 인류의 가장 큰 불행일 것입니다.

"예수께서 나다니엘이 자기에게 오는 것을 보시고 그를 가

리켜 이르시되 보라 이는 참으로 이스라엘 사람이라 그 속
에 간사한 것이 없도다 (요 1:47)"

그렇다면 정직함에는 어떠한 훈련이 필요한 것일까요.

**첫 번째로, 우리 자신의 감정과 내면의 깊은 생각을 알
아차리는 것이 필요합니다.**

아무리 정직하고 싶어도 자신의 마음을 잘 이해하지
못하고 있다면 자신에 대하여 정직하게 표현하는 것은
불가능할 테니까요. 자신이 느끼지 못하는 것을 어떻게
표현할 수 있을까요. 우리는 자신의 마음을 잘 아는 것
같지만 생각보다 스스로에게 이해받지 못한 부분도 많
고, 이로 인하여 불편한 삶을 살아가는 경우가 정말 많습
니다.

사람들은 불편한 상황에서 부정적인 감정, 예를 들어
두려움, 분노 무시, 불쾌감, 등을 경험하게 되면, 많은 경
우 그러한 감정을 차단하고 빠르게 봉인하면서 마음 구
석 어딘가에 버려두고 외면하려고 합니다. 자신에게 익

숙한 감정일수록 더욱 그럴 가능성이 있습니다.

원래 이러한 기제는 어린 시절 아직 감당하기 어려운 사건이나 감정들로부터 자신의 정체성마저 흔들리기 시작할 때, 자신을 보호하기 위해 일시적으로 생각이나 감정 등을 봉인한 후, 감당할 만한 성숙함이나 여유가 생겼을 때, 다시 볼 수 있도록 하기 위한 심리적인 장치입니다, 하지만 우리는 어른이 된 후에도 다른 사람들에게 그런 부정적인 감정을 숨기고 괜찮은 사람으로 보이기 위해 이 장치를 남용하고 있는 것입니다.

물론 우리가 사회생활을 하면서 우리의 감정을 표현하지 않고 넘어가야 하는 상황도 있겠지만, 많은 경우 우리의 감정과 정직한 생각을 적당한 시간에, 적절히 수위를 조절하며, 건강한 방법으로 표현해야 하는 것입니다. 이 부분에 대해서는 부록에서 시간을 따로 내어 어떻게 훈련할 것인지 다루도록 하겠습니다.

두 번째는 표현하는 방법입니다.

정직한 믿음

사람들은 주로 어떤 불편한 사건이나 감정 등을 표현할 때, 자신의 감정을 중심으로 표현하기보다 상대방의 잘못을 중심으로 표현하게 됩니다. 이는 자신이 슬픔이나 불안, 당혹스러움을 느끼는 나약한 존재임을 드러내는 것이 싫어서 그런 경우가 많습니다. 사실 자신의 감정과 생각을 표현하는 것은 우리의 인생에 있어서 매우 신비한 부분이라고 할 수 있습니다. 이 부분에 대해서는 좀 더 깊은 이야기가 필요할 것 같습니다.

두 번째 시간
훈련

지난 시간에는 믿음에 대하여 이야기하기 전에 정직함
에 대하여 나누면서, 정직함을 훈련하는 첫 번째 방법에
대하여 이야기해 보았습니다. 이번에는 그 두 번째 방법
인 표현하는 방법입니다.

우리는 많은 경우 자신이 나약하게 보이는 것이 싫거
나 괜찮은 사람처럼 보이기 위해 자신의 감정을 표현하
기보다 잘 숨기게 됩니다. 물론 사회생활을 하면서 우리
의 여러 가지 감정을 다 표현하며 살 수는 없습니다. 하
지만 지난 회에서 이야기 한 것처럼 적당한 상황에서 적
절한 수위를 조절해 가며 우리의 감정을 표현하는 것은

아주 중요한 일이며, 어느 정도의 시행착오를 거쳐 이를 훈련해 가는 것은 우리의 삶 속에서 불필요한 갈등을 피할 수 있는 방법이기도 합니다.

예를 들어 우리가 어떠한 불편한 이벤트를 경험하면 그에 따라 부정적인 감정이 일어나게 됩니다. 만일 불편한 이벤트의 강도가 1부터 10까지의 척도가 있다고 가정할 때 6단계 정도였고, 이에 따른 우리의 부정적인 감정도 6단계 정도였다면, 우리는 이러한 이벤트를 상대방에게 어느 정도의 수준으로 표현할 것인지에 대해 선택할 수 있습니다. 상대방의 성숙도와 친밀감이 높다면 4~5단계 정도로, 낮다면 2~3단계 정도로 시도해 보는 등 수많은 시행착오를 거쳐 조정하게 될 것입니다. 이러한 훈련 방법은 나중에 따로 자세히 설명하도록 하고 이러한 훈련의 필요성을 잠시 설명하도록 하겠습니다.

만일 위의 경우와 같이 괜찮은 사람처럼 보이려고 자신의 감정을 숨기고 교양있는 태도를 유지하려는 사람이 있다고 생각해 봅시다. 가벼운 대화와 고상한 말투, 그리고 거리를 유지하며 피상적인 교제를 이어간다면 어떤 느낌일지 잠시 생각해 보시기 바랍니다. 그리고 그러한 사람이 두 명, 세 명 많아지고 백 명이 되었다면 어떤 느낌일까요? 그리고 오랜 시간이 지나 백 년이 되었다면 또 어떤 느낌일까요? 우리는 그곳에 여전히 머무르고 싶을지 생각해 보시기 바랍니다.

하지만 이번에는 우리의 어려움이나 부족함을 안전한 사람에게 이야기하면서 위로받고, 또 상대방도 여러분을 믿고 자신들이 겪는 어려움을 이야기하며 위로받을 수 있다면 어떤 느낌일까요? 여러분은 백 명이 백 년 동안 이루어내지 못한 친밀함을 두 명이 한두 시간 만에 이룰 수 있다는 것을 경험하게 될 것입니다. 이렇듯 우리의 마음을 표현하는 것은 우리의 인생에서 아주 필수적입니다.

하지만 우리는 우리의 마음을 이야기하면서 많은 상처와 실망을 경험해 왔다는 것 또한 알고 있습니다. 따라서 다만 위험을 줄이기 위해 안전한 사람인지 구분하여 적절한 상황에서, 수위를 조절해 가며 표현하는 훈련이 필요할 뿐입니다. 이러한 훈련은 상대가 소중한 사람일수록 더더욱 필요합니다. 왜냐하면 내가 참고 숨기기만 한다면 내 안으로든 밖으로든 터지는 사이클이 반복될 것이며, 언젠가는 파국적인 결말을 맞게 될 가능성이 높아지기 때문입니다.

그렇다면 이제부터 자신의 마음을 알아차릴 수 있도록 살펴보고 하나님과 둘 뿐인 안전한 상황에서 정직하게 표현해 보면 어떨까요. 하나님은 여러분의 정직함에 실망하지 않으실 것이며, 만약 그러한 훈련이 지속된다면 당신과 하나님의 관계는 보다 친밀해져 있을 것입니다.

물론 위에서 설명한 것처럼 자신의 마음을 알아차리는 것과 자신의 마음을 정직하게 표현하는 것은 약간의 전문적인 방법과 훈련이 필요하며, 또 나중에 설명하도록 하겠지만, 그렇지 않더라도 여러분이 하려고만 하신다면, 그분은 친히 멘토가 되어 여러분을 이끌어 주실 것입니다.

그럼 이제 다시 돌아가 위의 두 가지를 우리의 믿음에 적용한다면 어떨까요?

정직한 믿음

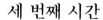

세 번째 시간
심리적 변화 1

이번에는 자신의 믿음에 대한 느낌을 알아보려고 합니다. 먼저 잘 아시겠지만 우리의 감정에는 기쁨, 고마움, 뭉클함, 편안함 등의 좋은 감정뿐만 아니라 슬픔, 분노, 두려움, 답답함, 불편함, 부담스러움, 부끄러움, 외로움, 지루함, 실망감, 죄책감 등의 부정적인 감정들도 많습니다. 하지만 우리는 살면서 우리가 느끼는 감정들에 이름을 지어준 적이 많지 않아 우리가 느끼는 감정이 정확히 무엇인지 알아차리는 데 익숙하지 않습니다. 만일 자신의 마음이 요즘 좀 불편하다거나 어떤 감정이 느껴진다면 정확히 어떤 느낌인지 확인해 보시면 좋을 것 같습니다.

자 그럼 이제 본론으로 들어와서 여러분은 자신의 믿음을 생각하면 어떤 느낌이 떠오르는지 확인해 보시기 바랍니다. 여기서 주의해야 할 것은 모든 자기보고식 심리검사에서와 마찬가지로 자신이 느껴야 할 감정이나 느끼고 싶은 마음을 떠올리지 말고 그저 그 단어가 나에게 주는 느낌이 어떤 것인지에 대해 진솔하게 떠올려 보시기 바랍니다.

만약 떠오르지 않는다면 시간을 가지고 나의 믿음이라는 단어에 대해 천천히 생각해 보시기 바랍니다. 여기서 생각해 보아야 할 점은 그동안 나의 감정을 얼마나 차단하였는지에 따라 나의 솔직한 감정을 느끼기가 어려울 것이라는 점입니다. 하지만 시간을 따로 내어 천천히 느껴보시기를 추천드립니다. 바로 이것이 여러분의 정직한 믿음에 대한 여정의 시작이 될 테니까요.

만약 믿음이라는 단어가 여러분의 마음을 불편하게 했다면, 그것은 믿음에 대하여 여러분 스스로가 여러분에게 무언가를 질문하고 있기 때문일 것입니다. 만일 충분히 스스로에게 정직할 준비가 되어있다면 여러분은 곧 "나는 믿는가?", "나는 잘 믿고 있는가?", "나의 믿음은 충분한가?", "나는 하나님과 얼마나 친밀한가?" 등의 질문을 하게 될지도 모르겠습니다. 만약 그렇다면 나는 그러한 질문에 어떻게 대답할 수 있을까요?

이러한 질문에 대답하기 위해서 믿음에 대해 우리가 경험할 수 있는 심리적 변화에 대하여 이야기해 보도록 하겠습니다.

우리의 믿음은 하나님의 아들이신 그리스도께서 우리의 죄를 대신하여 십자가를 지시고, 우리를 율법과 그 형벌에서 하나님의 은혜로 옮기셨다는 것입니다. 그렇게 어렵지 않은 이 문장을 우리가 진심으로 믿는다면 우리에게는 몇 가지 마음의 변화들이 당연히 일어나게 될 것입니다.

첫 번째 심리적 변화는 우리가 얼마나 큰 죄인인가에 대하여 당황하게 된다는 것입니다.

옛날 어떤 불순종한 아들이 동네에서 여러 가지 못된

행동을 하다가 한번은 다른 친구를 크게 다치게 하여 장애가 남을 수도 있는 상황이었습니다. 이 일을 들은 불순종한 아들의 아버지는 곧바로 다친 친구의 집으로 달려가 문 앞에 무릎을 꿇고 아들을 대신하여 사죄하였지만, 그 집에서 나온 부모들은 그가 아들을 숨겼다고 생각하고, 그에게 욕하고 손으로 뺨을 때리며 침을 뱉다가 나중에는 가족들이 모두 나와 아버지를 때리기까지 하였습니다. 얼마간 그러고 나서 가족들도 이성을 찾고 난 후, 아버지에게 그만 되었으니 돌아가라고 하며 아들을 용서하기로 하였습니다. 하지만 이 모든 장면을 두려움에 떨며, 멀찌감치 나무 뒤에 숨어서 지켜보고 있던 아들에게는 많은 변화가 일어나기 시작하였습니다. 그동안 내가 얼마나 크게 어리석었는지, 내가 얼마나 교만했는지 등을 알게 되었고 아버지가 대신 받은 형벌만큼이나 자신의 죄가 크다는 것도 알게 되었습니다.

하지만 예수님의 경우에는 그저 욕을 들으며 침과 뺨을 맞고 채찍질을 받은 것뿐만이 아니었습니다. 다음 날 십자가의 오랜 고통을 겪고 죽음을 맞으셔야만 했습니다. 그 불순종한 아들이 아버지가 대신 받은 형벌만큼이나 자신의 죄가 크다는 것을 인정한 것처럼, 우리는 예수님의 십자가 형벌만큼이나 우리의 죄가 크다는 것을 인정하고 있는지 스스로 물어보아야 합니다.

우리의 죄는 그저 욕을 먹고 침을 뱉으며 따귀를 맞는 정도로 해결될 수 있는 것이 아니라는 것입니다. 채찍뿐 아니라 십자가에서 죽어야만 해결될 수 있다는 것을 내가 진심으로 인정하지 않는다면, 나와 십자가가 서로 연결될 수 있을지 생각해 보아야 합니다. 이것이 내게 있어 복음을 대하는 첫 번째 당황스러움이며 심리적 변화가 될 것입니다.

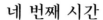

네 번째 시간
심리적 변화 2

지난 시간에 언급한 불순종의 아들은 자신에 대하여 친구들을 이길 수 있을 만큼 강하고 똑똑한 사람이라고 생각했을 수도 있습니다. 대부분의 돈과 권력을 가진 사람들이 그렇듯, 사람들의 두려움을 이용할 줄도 알고, 적당히 공포를 조성하여 자신의 이익을 구할 수도 있었을 것입니다. 그렇게 그는 마을의 친구들 사이에서 작은 권력을 누리며 교만하게 살고 있었습니다. 하지만 못마땅하게 생각하던 아버지가 자신을 위해 그렇게 고난과 수치를 묵묵히 당하는 것을 보고 난 후, 그 아들의 마음속엔 더 이상 자신에 대한 자랑이나 우월감이 머물 수 없었을 것입니다.

**이렇듯 두 번째 심리적 변화는 스스로를 자랑하는 것에
대해 불편을 느낀다는 것입니다.**

만일 우리가 진심으로 예수님의 고난을 이해했고, 그
것이 나를 위한 것이었다는 것에 동의한다면, 이제부터
스스로 자랑하는 자신의 모습을 어떻게 생각하게 될지
굳이 심리학적인 분석이 아니라도 알 수 있습니다. 피 흘
리는 십자가를 공감하지 못하고 그 앞에서 자신의 초라
한 무언가를 자랑하고 있다면, 내가 십자가와 진실로 연
결되어 있는지, 아니면 그저 십자가를 배경으로 서 있는
것인지 고민해 보아야 할 것입니다.

세상을 사는 사람들은 자신을 증명하려 애를 쓰며, 어
느 정도 사실에 기반했든 아니든 스스로를 자랑하려고
시도하고 있습니다. 이것을 멈추는 것은 참으로 어려운
일이며, 심지어 인생의 바닥을 경험하며 스스로를 낮출
것 같은 노숙자 분들조차 술을 마시며 이야기하는 것을
들어보면, 자랑을 벗어나는 것이 얼마나 어려운 일인지
알 수 있습니다. 실제로 사람들이 강을 거슬러 헤엄을 쳐
본 적이 없다면, 그것이 얼마나 무모한 것인지 알 수 없

정직한 믿음

듯, 스스로 자랑을 멈추려고 몸부림쳐 본 적이 없다면 또한 그것이 얼마나 어려운지 스스로 알기는 어려울 것입니다.

하지만 불순종의 아들이 그랬던 것과 달리, 십자가를 고백하는 우리가 십자가 앞에서 여전히 스스로를 자랑하고 있다면, 예수님의 고난이 정말 우리와 상관이 있다고 느끼는지 생각해 보아야 할 것입니다. 또한 하나님의 은혜에 들어가지 못하는 우리 안의 가장 큰 장애물이 바로 우리의 자랑이며, 가끔 은혜 안에서 자연스럽게 회복된 우리의 균형과 매력이 다시 사라지는 이유도 그러한 것들에 집중하여 생기는 자랑 때문입니다.

우리는 오랫동안 하나님께 복을 비는 것에 너무 치우쳐 왔으며 많은 비판을 받아왔습니다. 하지만 그렇다고 해서 우리가 복을 구하는 것이 실제적으로나 성경적으로 잘못된 것은 아닙니다. 오히려 하나님께 구하는 것이 낯설고 염치없게 느껴진다면, 그것은 오히려 하나님이 우리의 아버지가 아니거나 아버지라고 생각하지 않고 있다는 근거가 될 것입니다. 아버지가 주시는 평안한 삶을 누리며 황송해하는 자녀는 없기 때문입니다.

"여호와께서 주시는 복은 사람을 부하게 하고 근심을 겸하
여 주지 아니하시느니라 (잠 10:22)"

피조물인 우리는 하나님의 복을 구하고 그것에 의존
할 수밖에 없으며, 하나님 또한 우리에게 복을 주시기를
원하신다는 것도 명백합니다. 그러나 이스라엘을 향해
하나님께서 근심하신 것처럼, 우리는 조금 칭찬을 받거
나 일이 잘되어 갈 때, 하나님의 은혜가 한이 없으신 것
처럼 우리의 자랑도 한이 없어진다는 것을 잘 압니다. 그
리고 이것이 우리의 복을 제한하시는 가장 큰 이유가 될
것입니다.

만약 우리가 자녀로서 모든 면에서 하나님의 복을 마
음껏 누리고 싶다면 먼저 자신의 자랑을 멈추는 법을 알
아야 할 것입니다.

정직한 믿음

다섯 번째 시간
심리적 변화 3

성경에서는 다른 사람을 판단하지 말라는 여러 번의 경고가 나옵니다. 또한 바울은 자신조차도 스스로 판단하지 않는다고 말하고 있습니다.

사실 우리는 살면서 여러 가지 판단과 추측을 근거로 행동하며 살아갑니다. 위험을 감지하기도 하며 손해를 피하기 위해 준비하기도 합니다. 우리가 길을 가다 후미진 골목으로 들어설 때 그곳에 불량해 보이는 사람들이 여러 가지 흉기를 들고 모여 있다면, 우리는 즉시 위험할 것이라고 판단하고 그곳을 피하게 될 것입니다. 만일 이러한 상황에서 위험을 예측하지 못한다면 우리는 심각한 곤경에 빠질 가능성이 클 것입니다. 이렇듯 우리는 어떤 상황이나 사람에 대하여 판단하는 것은 우리의 안전을 위해서 상당히 중요한 능력이라는 것을 알 수 있습니다.

따라서 성경에서 우리에게 멈추라고 요구한 것은 이런 판단들이 아니라, 율법이나 어떤 기준을 통해 사람들을 판단하는 것입니다. 왜냐하면 단순히 상황을 예측하는 것과 달리 사람을 율법으로 판단하는 것은 자기 스스로를 은혜에서 율법으로 옮기는 행동일 뿐만 아니라, 실제로 우리에게 그럴만한 인간에 대한 이해와 통찰이 턱없이 부족하기 때문입니다.

세 번째 심리적 변화는 우리가 누군가를 판단할 자격이 있는지에 대한 의심이 생긴다는 것입니다.

제가 심리상담을 진행할 때 항상 느끼는 것은 사람의 어떠한 비이성적인 행동을 이해하기 위해서는 많은 대화와 노력이 필요하다는 것입니다. 하물며 자신의 제한적인 경험과 즉각적인 판단으로 상대를 재단하는 것은 상당한 부작용을 만들어 낼 수 있을 것입니다. 이 부분에 대하여 예수님께서 스스로 롤모델이 되어 어떻게 해결책을 제시하여 주셨는지 살펴볼 필요가 있을 것 같습니다.

"내가 너희에게 대하여 말하고 판단할 것이 많으나 나를 보내신 이가 참되시매 내가 그에게 들은 그것을 세상에 말하노라 하시되 (요 8:26)"

예수님은 자신의 판단이 있다는 것을 인정하고 계시면서 동시에 하나님의 생각을 우선하고 계시다는 것을 위의 말씀에서 유추해 볼 수 있으며, 이런 상황은 '겟세마네의 기도'에서도 확인해 볼 수 있습니다. 우리의 경우도 우리의 생각이나 감정을 무조건 억누르며 차단하려는 것보다 그저 나의 생각으로 인정할 줄 알아야 합니다. 그러고 나서 나와 다른 하나님의 생각이 있으며, 그것을 들으려고 기다릴 줄 알아야 합니다.

나의 판단을 급하게 이야기해 버리고 나면, 나의 마음속에서는 상황을 판단하는 단계에서 자신의 판단을 합리화시키는 단계로 넘어가 버리기 때문에, 하나님의 개입을 경험하기 어려워지며 상황은 더 악화될 것입니다. 악한 영이 항상 우리에게 시기와 분노, 거짓의 마음을 주듯, 하나님도 우리에게 그의 말씀을 늘 주신다는 것을 믿어야 합니다. 이러한 훈련을 통해 점점 더 하나님의 성품에 대해 이해하고 더 정확하게 하나님의 말씀을 구분할 수 있게 될 것입니다.

정직한 믿음

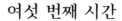

여섯 번째 시간
심리적 변화 4

사람들은 항상 그들의 광주리와 떡 반죽 그릇까지 복을 받기 원합니다. 특히 우리는 우리의 모든 부족함에도 불구하고, 하나님을 바라보며 그분의 나라에 이르기를 원합니다. 하지만 우리가 뒤를 돌아 이웃을 바라볼 때, 우리의 마음은 어떤지 느껴보시기를 바랍니다. 나의 가족과 형제자매들, 회사 동료와 친구들, 이웃들과 잠시 마주치는 사람들에게 우리는 어떤 마음을 보내고 있는 것일까요?

 오늘 이야기할 네 번째 심리적 변화는 인색한 내가 점점 낯설어진다는 것입니다.

무거운 몸을 일으켜 겨우겨우 시작하는 아침, 오늘 해야 할 일들과 마주쳐야 할 사람들로 벌써부터 부담스러운 출근길, 계속해서 반복되는 피곤한 일상들, 지친 마음을 이끌고 집으로 오면서 언제쯤 나의 삶은 푸른 초장에 누울 수 있을지에 대한 의문을 가져보기도 합니다. 하지만 때때로 절벽에서 한 걸음밖에 남지 않은 것 같은 우리의 삶은 오래되고 익숙한 절망에 파묻히고 맙니다. 이렇게 나 자신 하나 겨우 추스르면서 간신히 버티고 있는 삶 속에서 어떻게 사람들에게 인색하지 않을 수 있는 것일까요?

만일 우리가 아무 대가 없이 하나님과의 관계가 회복되었고 그의 은혜에 들어가게 되었다는 것을 믿게 된다면, 그리고 그렇게 회복된 관계를 누리면서 본래의 모습과 매력을 가지게 된다면 어떨까요? 더 이상 다른 사람들에게 나를 증명하려 하거나 인정받으려는 고된 노력을 멈추고 하나님이 주시는 능력과 본래의 영광을 가지게 된다면 어떨까요? 만약 믿음이 없다면 우리는 이런 것들을 구할 수나 있을까요?

"너희가 서로 영광을 취하고 유일하신 하나님께로부터 오는 영광은 구하지 아니하니 어찌 나를 믿을 수 있느냐 (요 5:44)"

우리는 자주 우리의 영광이 아닌 하나님의 영광을 위해 살아야 한다는 이야기를 듣습니다. 하지만 사실 우리가 하나님의 온전하신 영광에 무언가 보탤 수 있을 것이란 생각은 들지 않습니다. 그 보다 오히려 우리는 세상의 영광을 취하는 대신 하나님의 영광을 구하는 데 익숙해져야 합니다. 믿음이 있다면 우리는 하나님이 주시는 영광을 구할 수 있으며, 우리가 그 영광 안에 있을 수 있다면 드디어 쉴 수 있을 것이고, 다른 사람들에게 나눌 수 있는 여유도 생기게 될 것입니다.

엄청난 비를 받지 않고 물을 내주는 폭포는 없습니다. 만일 우리가 삶 속에서 작은 시냇물조차 흘러보낼 수 없다면, 우리는 믿음으로 무엇을 받고 있는지 생각해 보아야 할 것입니다.

"누가 주께 먼저 드려서 갚으심을 받겠느냐 (롬 11:35)"

일곱 번째 시간
심리적 변화 5

가끔 우리는 크고 작은 어려움 속에서 쉽게 휘둘리는 자신을 바라보게 됩니다. 실제적이고 거친 이 세상 속에서 추상적이고 아마추어 같은 우리의 믿음은 마치 강한 바람 앞에 나뭇잎처럼 초라한 모습을 보이기도 합니다. 그러면서도 수년에서, 많게는 수십 년째 나를 변화시키지도 못하는 지식에 의존하며 영적으로 살아가고 있다고 생각하기도 합니다. 하지만 성경에서는 우리가 믿음을 통해 변화되는 모습을 "다시 태어난다"라고 표현하고 있습니다. 변화에는 어느 정도의 고난이 수반되기는 하지만, 우리는 다만 믿음을 통해서 중심적인 변화를 경험하게 되며, 그러한 변화는 나의 어떤 노력이나 의지와 상관없이 이루어진다는 것을 알게 됩니다. 오히려 나의 능력과 노력이 그러한 변화를 방해하고 있었다는 것에 허무함을 느끼게 될지도 모릅니다.

오늘 이야기할 다섯 번째 심리적 변화는 근심하는 내가 걱정스러워진다는 것입니다.

수십 미터 낭떠러지에 앉아서 마음을 졸이고 있는 아이는 수없이 겁을 내지 말아야 한다고 다짐을 해봅니다. 심지어 빠른 속도로 떨어지고 있는 중에도 아이는 다시 한번 괜찮다고 스스로를 위로합니다. 몸이 뒤집히고 돌아도 금방 끝날 것이라며 안심 반 두려움 반으로 버티기로 합니다. 마침내 롤러코스터가 원래의 자리로 돌아오고 잔뜩 상기된 아이는 부모를 바라보며 이렇게 소리를 지릅니다.

"한 번 더 타고 싶어요!"

인생이라는 롤러코스터에서 우리는 수없이 많은 두려움과 근심을 가지고 살아갑니다. 때로는 절벽 같은 곳에서 마음을 졸이기도 하며 몸이 뒤집히는 것 같은 상황에서 절망하기도 합니다. 하지만 롤러코스터에 두려움 반 안심 반으로 앉아있는 아이와 달리, 우리는 때로 두려움과 근심으로만 휩싸여 고통스러운 날을 보내기도 합니다. 안전할 것이라는 믿음을 가지고 타는 롤러코스터는 우리에게 짜릿한 즐거움이지만, 그렇지 않다면 그 자체가 환란이고 고문이 될 것이며, 그러한 지속적인 스트레스는 우리를 사망에 이르게도 할 것입니다.

"내 영혼아 네가 어찌하여 낙심하며 어찌하여 내 속에서 불안해 하는가 너는 하나님께 소망을 두라 그가 나타나 도우심으로 말미암아 내가 여전히 찬송하리로다 (시 42:5)"

하나님은 우리의 믿음만큼의 롤러코스터를 태우시며, 하나님과 함께할 성숙하고 짜릿한 동행으로 우리를 유인하고 계십니다. 하지만 여전히 우리의 믿음이 회전목마조차 감당하기 어렵다면, 하나님과의 온전한 동행의 기회는 이생이든 다음 생에서든 점점 요원하게 될 것입니다. 어둠의 영이 자신이 주인 되는 세상보다 하나님이 다스리는 세상에서 더 행복할 것이라는 믿음이 없기 때문에 하나님과 동행할 수 없는 것처럼 말입니다.

"여호와의 지으심을 받고 그가 다스리시는 모든 곳에 있는
너희여 여호와를 송축하라 내 영혼아 여호와를 송축하라
(시 103:22)"

이렇듯 우리가 예수님의 십자가를 진실로 믿기 시작
한다면 우리 마음의 중심에서 분명한 변화가 일어나기
시작할 것입니다. 전능하신 하나님께서 아들의 생명까
지 아끼지 않았다는 것을 믿는다고 하는 우리가 만일, 자
기 죄의 무게도 실감하지 못하고, 스스로를 의미 있게 할
만한 사람처럼 자랑하며, 마치 자격이 있는 것처럼 율법
이나 어떤 기준으로 다른 사람들을 판단하고, 자신은 아
무것도 받지 않은 사람처럼 다른 사람들에게 인색하며,
실제로 시험이 닥치면 마치 철저히 혼자인 것처럼 절망
하곤 한다면, 우리는 무엇으로 우리의 믿음을 증명할 수
있을까요?

"어떤 사람은 말하기를 너는 믿음이 있고 나는 행함이 있
으니 행함이 없는 네 믿음을 내게 보이라 나는 행함으로 내

정직한 믿음

믿음을 네게 보이리라 하리라 (약 2:18)"

여덟 번째 시간
이상

인간의 비이성적이고 건강하지 못한 행동이나 생각들에 대하여 많은 심리상담이론들이 공통적으로 실제자기(actual self)와 이상자기(ideal self)의 괴리를 그 이유로 이야기할 때가 많습니다. 실제자기는 말 그대로 현실에서의 자신의 육체적, 심리적 상태나 수준이고, 이상자기는 자신이 되고 싶은 이상적인 모습을 이야기합니다.

인간에 대한 기준이 너무 많거나 높은 경우 지나치게 이상적인 기준이나 도덕률을 가지게 되는데, 이때 실제자기와의 차이가 너무 커져서 부족해 보이는 실제 자신을 부정하게 됩니다. 심지어 자신의 자연스러운 감정이

나 생각까지 억압하거나, 정직하게 자신을 표현할 수 있는 방법까지 차단하여 버리기 때문에, 불편한 상황을 건강하게 표현하거나 해결하는데 상당히 미숙해집니다.

만일 어떤 사람이 인간은 자고로 현숙하고 인내심이 뛰어나며 희생적이고 진중한 마음을 가져야 한다는 생각을 강하게 가지고 있다고 생각해 봅시다. 이러한 사람은 계속되는 불편하고 부당한 상황에서조차 불쾌한 자신의 생각이나 감정 자체가 부적절하다는 인식을 가지게 되며, 이를 표현하는 것 역시 속이 좁고 미성숙한 행동이라고 생각하게 될 것입니다. 그리고 이러한 감정을 숨기게 될 뿐만 아니라, 심지어 반대되는 행동도 하게 될 것입니다.

이것이 소위 심리학에서 이야기하는 "반동"이라는 방어기제인데 많이 알고 있는 바와 같이 "미운 사람 떡 하나 더 준다"라는 말이 이를 잘 표현하고 있습니다. 하지만 이렇게 참기만 하는 것은 어차피 뻔한 결과를 초래하게 되고 결국 우리는 안으로든 밖으로든 터지게 될 것입니다. 만일 밖으로 터지면 소리를 지르거나 폭력적인 모

정직한 믿음

습을 보이게 되고, 안으로 터지면 우울감에 빠져 연락을 끊거나 떠나버리게 되어 관계는 깨어질 위기에 처하게 될 것입니다.

다시 말해 우리 속에 가장 탐스러워 보이는 이러한 기준이나 율법들이 오히려 우리를 정직한 길에서 멀어지게 하고, 자신의 자존감을 떨어뜨리며, 다른 사람들을 판단하면서 우리의 관계를 파괴하고 있다는 것을 알게 될 때, 이것이 우리 인생 속에서 경험할 수 있는 가장 큰 반전이 아닐까 하는 생각을 하기도 합니다.

어쩌면 우리가 정직하게 하나님을 만나지 않는 한, 에덴의 그 과일이 선악이라는 율법을 통해, 오늘날에도 여전히 이상적인 기준이 되어 우리의 삶과 관계를 파괴하고 있었는지 고민해 보아야 할 것입니다.

"여자가 그 나무를 본즉 먹음직도 하고 보암직도 하고 지혜롭게 할 만큼 탐스럽기도 한 나무인지라… (창 3:6)"

아홉 번째 시간

영

우리는 말씀이나 생각을 나누면서 영적인 대화를 한다
고 이야기할 때가 많습니다. 그러나 실제로 성경을 보면
우리가 서로 영적인 대화가 가능한 것인지 의심이 들 때
가 있습니다. 따라서 오늘은 영과 육을 구분해 보면서 우
리의 현재 모습은 실제로 어디에 속한 것인지에 대해 이
야기해 보도록 하겠습니다. 왜냐하면 우리의 실제 위치
를 통찰하지 못한다면 정직할 수 없을 뿐 아니라 어디로
가야 할지 방향조차 가늠할 수 없기 때문입니다.

성경에서는 사람들과 그 행동을 구분할 때 영과 육으
로 구분하는 것을 자주 볼 수 있습니다. 또한 우리 안에

도 영과 육으로, 더 자세히는 영과 혼(마음)과 육으로 구분하는 것을 알 수 있습니다. 각각의 영역이 어떻게 구분되고 또 어느 정도 겹치는 부분이 있는지는 정확히 알 수 없지만, 성경에서는 기도에 관해 가르치시면서 영과 혼(마음)을 구별하고 있다는 것을 알 수 있습니다(고전 14:15).

실제로 동물의 세계에서도 서로 좋아하고 미워하며 시기할 뿐 아니라, 트라우마를 경험하기도 하고, 심지어 우두머리를 제거하기 위해 정치적으로 연합하는 등 인간 사회에서 이루어지는 모습을 거의 다 볼 수 있습니다. 따라서 동물에게는 혼이 있어 심리적인 존재로서의 생활을 영위해 간다고 볼 수 있습니다. 실제로 성경에서도 짐승에게도 혼이 있다고 이야기하고 있으며(전 3:21) 깨닫지 못하는 사람을 짐승과 다르지 않다고 표현하고 있습니다(전 3:19).

"존귀하나 깨닫지 못하는 사람은 멸망하는 짐승 같도다 (시 49:20)"

정직한 믿음

심리학에서 주로 다루는 부분도 이 혼(마음)의 부분이며 대부분의 종교인들이 영적이라며 이야기하는 부분도 실제로는 평범한 심리적인 주제인 경우가 많습니다.

그리고 우리에게 짐승과 달리 영이 있다고 해서 영적인 삶을 살게 되는 것도 아닙니다. 성경은 우리가 우리 영이 하는 말조차 알아들을 수 없을 정도의 영적 수준이라는 것을 언급하고 있습니다. 실제로 성경에서 방언은 나의 영이 기도하는 것이지만 나의 마음은 열매를 맺을 수 없으며(고전 14:14), 만일 통역의 은사가 없으면 아무도 알아들을 수 없다고 설명합니다. 따라서 성경은 방언하는 사람들에게 통역의 은사를 받으라고 권면하고 있는 것입니다(고전 14:13).

그렇다면 상당히 이해하기 어려운 부분이긴 하지만, 우리가 영과 마음이 있는데 우리의 영이 하는 말조차 우리의 마음이 이해하지 못하고 있다면 마음, 즉 심리적인 영역 안에서 거의 살아가는 우리가 얼마나 영적인 삶을 살아갈 수 있을까요?

실제로 가장 영적인 존재로 생각되는 대 선지자들 중 하나였던 사무엘조차도 이새의 아들 중 한 명에게 기름을 부으려고 할 때, 다윗이 아닌 엘리압의 육적인 외모만을 보고 판단한 적이 있었습니다. 그는 "여호와의 기름 부으실 자가 과연 주님 앞에 있도다(삼상 16:6)"라고 말하면서 혼자 감탄하였고, 이로 미루어 볼 때 그다지 영적인 눈을 가진 사람이 아니었던 것을 알 수 있습니다.

우리가 영적인 삶을 살아가고 있는지 그렇다면 얼마나 영적인지를 생각해 보는 것은 아주 중요합니다. 만일 우리가 그렇지 않은데 영적인 삶을 살고 있다고 생각한다면, 자신이 영적인 눈과 분별력을 가지고 있다고 자만하며, 항상 다른 사람들을 쉽게 판단하려고 들 것입니다, 하지만 우리가 얼마나 쉽게 육적인 모습으로 살아갈 수 있는지를 안다면, 우리는 하나님의 임재를 구하면서 하루를 시작하게 될 것이기 때문입니다.

"만일 너의 속에 하나님의 영이 거하시면 너희가 육신에 있지 아니하고 영에 있나니 누구든지 그리스도의 영이 없으면 그리스도의 사람이 아니라 (롬 8:9)"

정직한 믿음

만일 육적인 생각으로 가득 찬 우리가 하나님의 임재를 지속적으로 경험할 수 있다면, 항상 자랑의 기회만 엿보고 있는 우리의 육체는, 마치 우리의 의와 노력으로 하나님의 임재를 경험하고 있다고 생각하게 될 것입니다. 그리고 이러한 생각은 우리를 돌이키기 어려운 교만으로 빠지게 하고 맙니다. 따라서 우리가 하나님의 임재를 구하고 있다면, 임재를 구하는 동시에 성령님과 우리의 육적인 생각을 분별해 내야 합니다.

열 번째 시간
임재

만일 우리가 하루를 하나님의 임재 안에서 시작하기를 간절히 원하고, 순수하게 그러한 마음으로 기도하게 된다면, 하나님은 반드시 우리와 함께하실 것이고 우리는 그것을 확실히 느끼게 될 것입니다.

"…그들을 향하사 숨을 내쉬며 이르시되 성령을 받으라 (요 20:22)"

그렇게 우리가 하나님의 충만한 임재 안에 살게 되는 것은 분명 우리의 인생에서 가장 중요한 경험이며 자녀로서의 특권이지만, 그 순간 우리가 자주 오해하게 되는 것이 있습니다. 그것은 우리가 충만한 임재를 경험했을 때 내심 우리의 삶이 빠르게 변화될 것이라는 기대를 먼저 하게 된다는 점입니다.

드디어 하나님은 나에게 응답하셨고, 만족스럽지 못했던 환경은 좋아지며, 나의 근심거리는 해결되고, 거슬리던 관계들은 사라질 것이며, 나는 은혜 안에서 평안한 삶을 살아가게 될 것처럼 생각합니다.

하지만 늘 우리가 경험해 왔듯이 상황은 쉽게 나아지지 않으며, 사람들과의 관계는 여전히 불편하고, 심지어 임재를 경험하고 있는 나 자신의 생각과 행동조차도 별로 은혜롭지 못하다는 것을 발견하게 됩니다.

우리가 성령의 임재를 경험한다는 것은 우리의 상황이 드라마틱하게 좋아지고 우리가 성화되는 것을 의미하는 것이 아니라, 다른 사람들과 주위 환경 그리고 나 자신에 대한 불편한 생각들을 정직하게 내어놓고 하나님과 함께 들여다볼 수 있게 되었다는 것을 의미합니다.

정직한 믿음

우리는 드디어 하나님과 대화를 시작할 수 있고, 나의 생각과 하나님의 생각이 다르다는 것을 알게 되면서, 점점 고집과 편견의 고통에서 자유로워지는 자신을 보게 될 것입니다. 은혜 안에서 부족한 자신에게 절망하는 것이 아니라, 부족해 보이는 자신을 하나님과 함께 바라보며 회복되어가는 과정, 그것이 하나님과의 동행이고 임재의 목적이 아닐까 생각합니다.

이제 임재 속에서 나의 부족함이 느껴진다면 안심하시기 바랍니다. 십자가와 진정으로 연결될 수 있는 기회니까요. 오히려 연습했던 것처럼 자신의 불편한 감정을 정직하게 펼쳐보고 하나님과 들여다보시기를 바랍니다.

그러나 많은 사람들이 여전히 자신의 감정을 알아차리는데 얼마나 서툰지를 생각해 보면 한편으로 마음이 먹먹해지곤 합니다. 자신이 알아차리지 못한 것을 깊이 생각해 볼 수 있는 기회는 없기 때문입니다.

"모든 지킬 만한 것 중에 더욱 네 마음을 지키라 생명의 근원이 이에서 남이니라 (잠 4:23)"

열한 번째 시간

덫

지난번에는 육과 영에 대하여 언급했다면 오늘은 율법과 은혜에 대하여 이야기해 볼까 합니다. 성경에는 여러 가지의 행위적인 율법이 있어 우리에게 도전을 줍니다. 일종의 도덕률 같은 것으로 우리의 양심도 여기에 속하게 됩니다(롬 2:14~15). 또한 사람들도 성실, 용기, 능력, 인내, 희생, 진중함 등 저마다 자기만의 율법과 기준을 가지고 있으며, 이것을 가지고 다른 사람들뿐 아니라 자기 자신도 판단하며 살아가고 있습니다.

이러한 율법은 부모나 다른 중요한 사람들로부터 전해지면서 어린 시절 "나는 부족하다"라는 핵심감정을 주

로 형성하게 되는데, 우리가 생각하는 것보다 더욱 큰 영
향력을 가지고 우리의 삶을 지배하게 됩니다. 영적으로
보이기도 하는 수많은 율법은 사실 우리의 영이 아닌 육
체와 더 많은 연관성을 가지고 있으며, 영은 은혜와 긴밀
히 연결되어 있습니다(롬 8:3~6).

따라서 끊임없이 율법에 도전하고 그것으로 판단하는
것은 우리의 육체가 하는 일입니다. 우리 육체는 끊임없
이 자기 의와 공로를 쌓으려고 하며, 스스로 자랑하려는
본성을 가지고 있기 때문입니다. 그리고 은혜 밖에서 대
부분의 사람들은 이런 율법들을 통해 자신의 결핍과 자
존감을 채우고, 삶을 의미 있게 하며, 본인만의 구원에
다다르려고 합니다.

"행위에서 난 것이 아니니 이는 누구든지 자랑하지 못하게
함이라 (엡 2:9)"

어떻게 보면 율법의 본래 취지가 그렇듯, 우리 스스로
의 노력이나 의지, 능력 등으로 자신이 생각하는 구원에
이르려고 하는 모든 시도들이, 다 율법에 속한 것이라 해

도 좋을 것 같습니다.

이러한 율법들은 우리가 실패하거나 버림받지 말아야 한다는 두려움을 느끼게 하는 동시에, 잘 이루기만 하면 우리에게 나름의 구원을 줄 것 같은 환상을 주기도 합니다. 실제로 구약 성경에서도 율법을 잘 지키지 못한 자에게 형벌과 저주를, 잘 지킨 사람들에게 부귀와 장수 등을 보상으로 제시하고 있습니다. 이는 마치 앞뒤에서 밀고 끄는 마차와 같이 두려움과 환상을 동시에 주면서 우리의 힘으로 멈출 수 없게 만들어 버립니다.

따라서 우리는 마치 애증 관계처럼 두려움과 환상을 동시에 주는 율법에 중독되어 항상 미련을 가진 채 그 주위를 돌게 됩니다. 그리고 이것이 왜 우리가 신앙생활을 하면서 절망과 위로를 반복하면서 율법 안에서 수없이 질 싸움을 계속하게 되는지에 대한 이유가 될 것입니다.

이러한 모습을 많은 사람이 마치 우리가 율법 안에서 실패와 절망을 경험하고 난 후, 다시 은혜로운 하나님의 위로를 반복하여 경험한다고 생각하고 있습니다. 하지

만 사실 우리를 향한 하나님의 은혜는 어떤 순간에도 줄
거나 멈춘 적이 없습니다.

　다만 우리가 율법을 벗어나지 못한 채, 환상을 가지고
도전하고, 실패한 후 절망하는 반복된 삶을 살고 있는 것
입니다. 이것은 그곳에서 잠시라도 온전히 벗어나 본 사
람만이 알 수 있는 슬픈 모습입니다.

　　　　　　　　　　　　　　　　　　　　정직한 믿음

열두 번째 시간
상급

지난 시간들을 통해 우리가 진심으로 믿기 시작할 때 나타나는 심리적인 변화들에 대하여 이야기한 후, 육과 영에 대하여 그리고 율법과 은혜에 대하여 생각해 보았습니다. 오늘은 이러한 변화에 따른 구원에 대하여 이야기해 보려고 합니다.

우리는 교회에서 믿음을 가지고 예배를 드리고 헌금을 내며 때로 봉사를 하기도 합니다. 그리고 술과 담배를 절제하며 정욕을 제어하려고 노력합니다. 그러나 이러한 성의 있는 노력에도 불구하고 우리가 육이 아닌 영에 속하여, 율법이 아닌 은혜 안에서 살아가고 있다는 증거는 찾아보기 어려운 경우가 많습니다. 그렇다면 우리의 현재 위치는 어디에 있는 것일까요?

"복음에는 하나님의 의가 나타나서 믿음으로 믿음에 이르게 하나니 기록된 바 오직 의인은 믿음으로 말미암아 살리라 함과 같으니라 (롬 1:17)"

어쩌면 우리는 복음을 통하여 심리적인 변화를 경험하게 되면서. 육에서 영으로, 율법에서 은혜로, 첫 번째 믿음에서 두 번째 믿음으로 넘어가게 되는 것일지도 모르겠습니다. 문제는 우리가 얼마나 깊은 변화를 경험했는지일 것입니다. 그리고 그에 따라 우리는 각각 다른 구원의 형태에 이르게 될 것입니다.

"해의 영광이 다르고 달의 영광이 다르며 별의 영광도 다른데 별과 별의 영광이 다르도다 (고전 15:41)"

생각해 보건대, 하나님에 대한 우리의 신뢰와 믿음의 깊이에 따라, 우리는 다음 세상에서 하나님과 더 가까이에서, 더 많은 능력과 영광으로 살아가게 될 것이며, 이

정직한 믿음

것이 우리의 상급이 될 것입니다. 만일 우리의 믿음보다
더 많은 것을 받게 된다면 우리의 교만 때문에 버티지 못
하고 무너지게 될 것입니다.

열세 번째 시간
분별

우리가 은혜에 들어가는 것은, 그저 우리를 위한 예수님의 대속을 믿으면서 시작됩니다.

그렇다면 어떻게 해야 은혜 안에 머물 수 있는 것일까요? 이것에 대한 실마리를 찾기 위해 성경에서 주는 몇 가지 힌트를 참고하여 우리가 어떻게 은혜에 들어가며, 또 어떻게 다시 율법으로 사로잡혀 오는지 생각해 보도록 하겠습니다.

첫 번째는 일만 달란트 빚진 자의 비유에서와 같이 우리가 받은 은혜와 비교하여 지극히 작은 것에 대해서도 정확히 계산하여 받고자 할 때입니다.

우리가 작은 것을 계산하여 받으려고 할 때 하나님께서도 우리의 빚을 계산하여 율법대로 청구하실 것입니다. 하지만 더 먼저인 것은 우리가 정말 하나님께로부터 일만 달란트를 탕감 받았다는 것을 체감하고 있느냐는 것입니다. 그렇지 않다면 우리는 다른 사람들에게 은혜를 베풀 수 있는 동기를 상실하게 될 것이고, 다시 은혜를 떠나 율법에 사로잡히게 될 것입니다.

두 번째, 우리가 율법으로 다른 사람을 판단하기 시작할 때입니다.

우리가 의로워지는 것은 온전히 은혜 안에 있을 때 주어지는 자연스러운 열매이지, 우리가 노력해서 얻을 수 있는 목표가 아닙니다. 오히려 우리가 아직 온전히 의로워지지 않았다면 아직도 스스로 의로워지려는 마음이 있기 때문일 수 있습니다.

그래서 우리 육신에 직접적인 노력을 요구하는 율법

정직한 믿음

안에 우리의 구원이 없는 것입니다. 이와 반대로 우리의 영은 하늘에서 비를 받는 폭포가 되려는 것이지, 스스로 물을 만들려고 하지 않는다는 것을 기억해야 합니다.

"율법이 육신으로 말미암아 연약하여 할 수 없는 그것을 하나님은 하시나니… 육신을 따르지 않고 그 영을 따라 행하는 우리에게 율법의 요구가 이루어지게 하려 하심이니라 (롬 8:3~4)"

만약 우리가 아직 율법으로 판단하고 있다면, 우리의 노력으로 율법을 이룰 수 있다고 믿는 것이고, 이러한 믿음은 우리를 율법의 형벌과 저주 안에 다시 가두게 될 것입니다.

"너희가 비판하는 그 비판으로 너희가 비판을 받을 것이요 너희가 헤아리는 그 헤아림으로 너희가 헤아림을 받을 것이니라 (마 7:2)"

세 번째는 영의 생각과 육의 생각을 분별하지 못할 때입니다.

만일 우리 안에서 조용하게 일어나는 육의 생각을 분별하지 못한다면, 이 생각이 우리의 마음을 어떻게 바꾸어 가는지 더더욱 알아차리기 어려울 것입니다. 하지만 만일 육의 생각을 정확히 구분할 수만 있다면, 얼마나 쉽게 그것을 멈출 수 있는지에 놀라게 될 것입니다. 따라서 가장 중요한 것은 육의 생각을 분별하는 것입니다. 하지만 이 부분에서 우리가 얼마나 미숙한지 아는 것조차 참으로 어려운 일이며, 때로는 좀 더 세련된 육의 생각을 영의 생각으로 착각하며 살아가는 것이 현실입니다. 그러나 육의 생각을 분별하는 것은 내면의 정직함을 통해 많은 훈련이 필요한 것이며, 난해한 부분이 많아 여기서 자세히 다루는 것은 어려울 것입니다.

하지만 간단히 설명해 본다면, 육의 생각을 분별하기 위해서 먼저 부정적인 감정이 생겨날 때마다, 잘 살펴보고 가장 적절한 하나님의 말씀을 기억해내기 위해 기도해야 합니다. 참고로 이때 육의 생각에서 영의 생각으로 돌이키려는 이 시도가 가장 힘든 부분일 수 있습니다. 우리가 육의 생각에 머물러 있을 때, 그 생각은 마치 풍랑과도 같이, 우리를 근심과 두려움에 지치게 할 것이며,

정직한 믿음

하나님을 향해 고개를 돌리는 것조차 힘겹게 만들 수 있기 때문입니다.

따라서 육의 생각에 갇혀, 그 풍랑 속에서 마땅히 구할 바를 알지 못하고, 우리의 기도가 초점을 잃었다면, 그저 성령님이 나에게 주실 말씀을 기다리시기를 바랍니다.

그리고 평안을 주는 말씀이 떠올랐다면, 비로소 여유를 가지고 말씀을 묵상하면서, 돌이켜 어떤 생각이 나를 불안하게 하는 육의 생각이었는지 확인해야 합니다. 그리고 만일 우리가 정확히 확인하였다면, 육의 생각이 영의 생각 앞에서 얼마나 쉽게 무너지는지도 경험할 수 있을 것입니다.

마치 풍랑을 잠잠케 명령하시던 예수님처럼, 우리 안에 근심과 불안의 파도를 조금씩 멈출 수 있게 된 자신을 발견하고 어린아이처럼 기뻐하게 될 것입니다.

"그는 정직한 자를 위하여 완전한 지혜를 예비하시며 행실이 온전한 자에게 방패가 되시나니 (잠 2:7)"

네 번째는 가장 불편한 주제인 용서하지 않을 때입니다.

우리의 믿음의 근간은 하나님의 용서입니다. 그럼에도 이러한 주제가 매우 불편하게 느껴진다면 우리는 영보다는 육에, 은혜보다는 율법에 가까이 있다는 근거가 될 수 있습니다. 만일 그렇게 느껴진다면, 지금 우리가 해야 할 일은 누구를 용서하기 위해 노력하는 것이 아닌 내가 온전히 용서를 받는 것입니다.

그렇게 되면, 거액의 복권에 당첨된 사람이 가난한 이웃집 사람의 무시에 더 이상 신경 쓰지 않듯, 내가 용서해야 할 사람들이 더 이상 거슬리지 않을 수도 있을 것입니다.

정직한 믿음

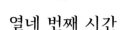

열네 번째 시간
조급함

이렇듯 우리는 대부분의 일생을 육체에 속하여 율법을 좇으며 살아가고 있습니다. 또한 잠시 은혜 안에 들어간 후에도 우리의 율법적인 행동은 다시 우리를 율법 아래로 끌어오게 됩니다. 선악과를 먹은 이후, 우리의 몸은 율법에 중독되어 강력하게 사로잡혀 있다는 사실이 십자가의 비밀 중 하나일 것입니다.

"내 지체 속에서 한 다른 법이 내 마음의 법과 싸워 내 지체 속에 있는 죄의 법으로 나를 사로잡는 것을 보는도다 (롬 7:23)"

이러한 율법에 중독되어있을 때 우리에게 나타나는 가장 흔한 증상은 자랑하려는 마음과 조급함입니다. 이 두 가지 모두 문제의 초점을 흐리게 하고, 관계를 파괴하면서, 결국 우리 인생에서 길을 잃게 하곤 합니다. 이번에는 이 두 가지 중 조급함에 대하여 이야기해 보고자 합니다.

우리는 급박한 사정이 있지 않아도 조급한 마음으로 살아가는 경우가 많습니다. 심지어 쉬는 동안에도 조급함을 멈추지 못하고 불안해하기도 합니다. 우리는 게임이나 TV, 수다, 일 중독 등의 소음 속에서 이러한 불안을 묻어보려 하지만, 다시 조용한 시간이 오면 우리는 어김없이 이러한 감정과 다시 마주하곤 합니다.

조급함은 우리에게 여러 가지 실수를 일으키게 할 뿐 아니라, 상대방의 사정을 알아채지 못하게 하며, 많은 오해를 불러일으키고, 서로에게 무심코 상처를 주게도 합니다. 우리에게 닥친 일들을 적절한 시간과 방법을 통해 해결하려 하지 않고 빨리 마무리하려는 이러한 태도는 결국 우리에게 만성적인 조급함을 가지게 합니다.

정직한 믿음

언제 조급하지 않고 여유 있게 운전을 해 보았는지, 내 앞의 음식을 천천히 즐겨본 적이 언제인지, 상대방이 하는 이야기를 들으면서 조용히 표정을 읽어 본 것은 언제인지, 그리고 잠시라도 잠잠히 자연을 바라본 적이 언제였는지를 생각해 보면 잘 기억이 나지 않을지도 모릅니다.

이러한 조급함은 우리가 무엇인가 손해를 보는 것처럼 느껴지거나 통제하지 못할 것 같은 일들을 마주할 때 많이 일어나곤 합니다. 우리는 그러한 상황에서 주로 근심하기 시작하며 빨리 일을 마무리 지어 근심에서 벗어나고 싶어 합니다. 대부분의 경우 그렇게 심각하지도 급박하지도 않지만, 우리는 언제나 그렇듯 익숙한 불안함을 느끼게 됩니다.

앞에서도 이야기했듯 우리 믿는 사람들조차 영을 제외하고 몸과 마음은 사실상 율법이 주는 허상을 좇아 살아가고 있습니다. 하지만 이것은 동시에 율법 아래에서, 율법의 형벌과 저주라는 두려움에 우리를 가두게 될 것입니다. 따라서 우리가 마음 깊은 곳에서 느끼는 막연하고 익숙한 두려움은, 율법 아래에서 부족한 사람으로 하나님과 사람들에게 버림받을 것이라는 불안함에서 시작된다는 사실을 알아야 합니다.

평소에는 이러한 불안함을 애써 외면하고 살아가지만, 조금이라도 통제할 수 없을 것 같은 상황이 오면 이 오래되고 익숙한 불안감을 깨우게 되고, 다시 마주하고 싶지 않았던 이 감정에서 도망가듯 피해버리게 됩니다. 바로 이런 내면의 불안함을 깨우는 현실 속의 작은 불안함을 빨리 해결하려고 서두르면서 우리는 조급한 모습을 보이게 되는 경우가 많은 것입니다.

따라서 우리가 율법을 따르는 동안 우리에게 평안은 마치 허상과 같은 것입니다. 누구보다 율법을 잘 지키면서 하나님의 자랑이 되었던 욥 역시, 그의 마음속에는 늘 불안함이 있었던 것처럼 말입니다.

"내가 두려워하는 그것이 내게 임하고 내가 무서워하는 그것이 내 몸에 미쳤구나 (욥 3:25)"

정직한 믿음

열다섯 번째 시간

구원의 걸림돌

그렇다면 우리의 구원을 방해하는 근본적인 문제들은 무엇일까요?

이 질문에 답하기 위해서는 우리를 최초 구원에서 멀어지게 했던 선악과의 사건을 언급하지 않을 수 없을 것입니다. 선악과는 말 그대로 선과 악을 알려주는 열매이고, 이런 선과 악에 대한 의식은 추후 율법을 통해 구체화되는 것을 알 수 있습니다.

다시 말해 우리는 하나님의 은혜가 아닌 율법을 통해 온전해져야 한다는 강력한 동기를 가지게 되었고, 동시에 이 율법을 통해 자신과 다른 사람들을 판단하기 시작하였습니다. 따라서 애초의 잘못은 선악과를 통해 스스로의 능력으로 온전해지려고 하였다는 것에 있습니다. 왜냐하면 애초에 스스로의 능력이라는 것은 없기 때문입니다. 우리가 가진 것은 그게 무엇이든 받은 것인데, 그것을 근거로 구원받을 자격이 있다고 생각하는 것은, 우리를 교만하게 하여 교제에 이를 수 없게 할 뿐 아니라, 처음부터 이치에 맞지 않는 어리석은 생각입니다.

따라서 이러한 근본적인 잘못에 근거하여 생각해 본다면, 구원을 방해하는 핵심적인 문제는 다음과 같이 생각해 볼 수 있으며, 이것이 바로 십자가를 통하여 벗어나야 하는 우리의 죄이기도 할 것입니다.

첫 번째는 율법을 거슬러 은밀하게 나의 소욕을 이루려는 간사하고 **거짓된 마음** 입니다.

율법은 우리의 행동을 제약하여 우리의 소욕을 강하게 만들고, 결국 그것을 이루려는 과정에서 들키지 않으려는 은밀한 방법들을 사용하게 합니다.

정직한 믿음

"그러나 죄가 기회를 타서 계명으로 말미암아 내 속에서 온갖 탐심을 이루었나니 이는 율법이 없으면 죄가 죽은 것임이라 (롬 7:8)"

성경은 오히려 우리에게 죄를 감추는 대신 고백하라고 말씀하고 있습니다. 죄는 은밀해질 때 더욱 강력해지기 때문입니다.

두 번째는 율법 안에서 자신의 의와 능력을 **자랑하려는 마음** 입니다.

"의의 법을 따라간 이스라엘은 율법에 이르지 못하였느니… 이는 그들이 믿음을 의지하지 않고 행위를 의지함이라… (롬 9:31~32)"

자랑하려는 마음은 아마도 천국에서 가장 용납되지 않는 것 중 하나일 것입니다. 천국은 진실하고 친밀한 관계가 회복된 곳이며(고후 5:18), 자랑은 그러한 관계를 훼손시키는 죄이기 때문입니다.

"행위에서 난 것이 아니니 이는 누구든지 자랑하지 못하게 함이라 (엡 2:9)"

세 번째는 율법과의 갈등으로 인한 불안 때문에 드러나는 **포악한 행동**입니다.

모든 사람들은 자신만의 중요한 기준이 있으며 이를 지키려고 노력합니다. 그리고 그러한 과정에서 서로가 자신이나 다른 사람들의 부족함을 느끼게 되면서 내면의 불안이나 타인과의 갈등이 시작됩니다.

하지만 만일 자신이 부족할 수 있다는 여유를 가진다면, 다른 사람들의 실수나 부족함에도 허용적인 태도를 보이게 하며, 결국 어떤 기준이나 자격보다 관계에 초점을 둘 수 있게 할 것입니다.

결국 은혜의 가장 큰 장애물은 율법 안에서 살아가려는 마음이며, 또 스스로 벗어나 다른 길을 찾을 수도 없는 것입니다. 또한 이러한 마음은 믿음을 갖지 못하게 할 뿐 아니라 우리의 교제를 파괴하게 될 것입니다.

정직한 믿음

왜냐하면 율법 안에 있는 사람들은 서로에게 상처를 주는데 빠르며, 이런 사람들과 교제하고 싶은 사람은 없을 것이기 때문입니다. 그리고 이것이 가장 큰 문제인 이유는, 우리가 가야 할 천국에서 우리가 누려야 할 것이 수정 바다나 황금 집이 아닌, 온전한 관계를 기반으로 하는 친밀한 교제이기 때문입니다.

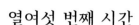

열여섯 번째 시간
깨달음

사실 깨닫는 것은 인생에서 상당히 중요한 일이라는 것을 알 수 있습니다. 하지만 몇 권의 책이나 가르침이 우리를 깨닫게 하는 것은 어려운 일이며, 또 한 번의 깨달음만으로 하나님의 도를 얻게 되는 것도 아닙니다. 우리는 그저 순간순간 최선의 깨달음을 얻는 것이며, 이것은 그저 다음 깨달음을 위한 수많은 준비 중 하나일 때가 많습니다.

게다가 무엇인가를 깨닫는 것보다 더 중요한 것은 그것을 지속적으로 훈련하는 것입니다. 만일 우리의 깨달음에 대한 가치와 확신이 있다면, 기꺼이 많은 시간과 자원을 들여 그것을 완성하려 할 것이기 때문입니다.

"천국은 마치 밭에 감추인 보화와 같으니 사람이 이를 발견
한 후 숨겨 두고 기뻐하며 돌아가서 자기의 소유를 다 팔아
그 밭을 사느니라 (마 13:44)"

따라서 만일 우리가 많은 시간을 들여 훈련하고 있는
것이 없다면, 우리가 진정으로 깨달은 것이 있는지 확인
할 필요가 있어 보입니다. 또한 "도"라는 것은 그저 지도
와 같은 것이며 구원은 그 지도를 따라 행할 때 얻게 되
는 것입니다. 따라서 도를 깨닫는 것뿐만 아니라, 그것을
행하는 것도 우리 인생의 목표에 있어 필수적이라 할 수
있습니다.

"십자가의 도가 멸망하는 자들에게는 미련한 것이요… (고
전 1:18)"

우물을 파는 자가 물이 나올 것이라는 어느 정도의 확
신이 있어야, 긴 시간 계속해서 땅을 팔 수 있듯, 우리가
깨달은 구원의 도에 대해서도 확신이 있어야 그것을 따

라 행동하며 오랫동안 훈련할 수 있게 되는 것입니다.

우리가 시간을 아껴야 하는 이유가 바로 여기에 있습니다. 우리의 깨달음을 확인하고 훈련하기 위해서는, 우리의 연약함으로 인하여, 출애굽 시 광야에서와 같이, 하나님과 상당한 시간을 함께해야 할 수도 있기 때문입니다.

"너는 청년의 때에 너의 창조주를 기억하라 곧 곤고한 날이 이르기 전에, 나는 아무 낙이 없다고 할 해들이 가깝기 전에 (전 12:1)"

열일곱 번째 시간
기다림

이번에는 우리가 자신의 내면 속에서 어떻게 스스로 하나님이 되려고 하는지에 대하여 이야기해 보도록 하겠습니다.

위에서 설명한 바와 같이, 우리가 삶을 살면서 무엇이든 이루기 위해서는 그에 필요한 자원과 노력, 그리고 시간이 필요하듯, 우리의 인생에서 가장 궁극적인 목표인 구원을 이루기 위해서도 반드시 필요한 시간이 있다는 것을 이해해야 합니다.

육적인 생각에서 영적인 생각으로, 율법적인 삶에서

은혜의 삶으로, 하나님의 임재를 경험하며 수많은 시행착오와 분별을 통해 거듭나는 것은, 정말 오랜 시간이 필요할 수도 있는 과정입니다.

다시 말해, 우리가 오늘이라도 결심한다고 해서 온전한 믿음을 갖게 되는 것이 아니라는 것입니다. 깊은 믿음은 통찰에서 나오며, 성령님의 임재 안에서 수많은 시도와 훈련을 통하지 않고서는 이것을 얻을 수 없습니다.

그렇다면 우리가 가장 많이 해야 할 훈련은 먼저 하나님의 임재를 통해 은혜 안으로 들어가는 훈련일 것입니다. 지난 시간에 다루었던 것처럼, 우리의 작은 선택 속에서도 "죄의 법"은 마치 강력한 자석처럼 우리를 사로잡아 오려고 하기 때문에, 세 번째 시간부터 언급했던 믿음의 딜레마가 느껴질 때마다 우리는 성령님의 임재를 먼저 구해야 합니다.

"모든 지킬 만한 것 중에 더욱 네 마음을 지키라 생명의 근원이 이에서 남이니라 (잠 4:23)"

　　　　　　　　　　　　　　　　　정직한 믿음

그래야만 성령님의 조명 아래 우리의 마음을 들여다 보는 것이 가능하며, 결국 새는 곳을 막을 수 있을 것입니다. 하지만 우리가 성령님의 인도하심을 생각할 때 반복하는 오해가 한 가지 있습니다. 자신이 어리석게 느껴지는 생각이나 감정을, 그동안 여러 번 들어왔던 말이나 나의 생각으로 통제하려고 하면서, 이것을 성령님의 인도하심이라고 생각한다는 것입니다.

물론 말씀이나 깨달은 것들을 적절한 시간에 기억나게 하시는 것도 성령님이 하시는 일 중에 하나지만, 우리가 온전한 인도를 받고자 한다면, 우리의 생각을 억누르고 또 다른 나의 생각으로 조급하게 싸우려고 하는 것이 아니라, 일차적인 나의 생각이 있었음을 인정하는 동시에 하나님의 생각을 기다리는 것입니다.

내가 할 수 있는 일은 나의 감정을 이해하고 하나님의 생각을 기다리는 것이지, 조급함으로 내가 하나님이 되어 무조건 나의 생각과 감정을 억압하려고 해서는 안 된다는 것입니다.

마치 사울이 블레셋과의 전투를 시작할 때, 적들을 마주하고 있는 급박해 보이는 상황에서 사무엘을 기다리지 못하고 스스로 제사를 드린 것처럼, 우리도 많은 경우 하나님을 기다리지 못하고 조급하게 결정하려고 합니다.

나의 마음은 내가 아닌 하나님의 통제 안에 있어야 하며, 나의 부정적인 생각이나 감정이 일어날 때, 부족하고 부정해 보일지라도 십자가를 의지하여 그분과 함께 바라보면, 이해할 만한 부분도, 긍휼히 여겨지는 부분도, 괜찮아 보이는 부분도 있다는 사실을 알게 될 것입니다.

그리고 마침내 때가 되었을 때, 우리는 더 깊고 넓은 마음의 바다로 나아가게 될 것이고, 그분과 함께 폭풍을 뚫고 갈 수도, 잠잠하게 할 수도 있게 될 것입니다.

기억해야 합니다. 그곳은 아마도 지금까지 우리가 겪어보지 못한 거칠고 사나운 곳이 되겠지만, 그분은 결코 우리를 홀로 두지 않으실 것입니다.

열여덟 번째 시간
마음의 문

우리가 깊은 마음의 문을 열기 시작할 때, 가장 먼저 느끼는 감정 중의 하나는 근심과 걱정일 수 있습니다. 그동안 숨기고 외면해 왔던 이러한 불안과 공포는 감당하기 어려운 것이기 때문에 문을 열자마자 다시 닫으려고 할 수도 있습니다.

만일 자신이 준비가 되어있지 않거나 하나님의 임재를 느끼지 못하고 있다면, 차라리 좀 더 기다리는 것이 나을 수도 있다는 생각이 들기도 합니다. 베드로가 바다 위를 걸을 때, 바람을 보고 두려워하여 물속으로 빠져들어 갔듯, 혼자서는 위험한 도전일 수도 있을 거란 생각이

듭니다.

하지만 일단 때가 되어 문을 열고 들어갔다면, 최대한 성령님의 임재를 구하면서 그분의 생각을 들으려고 노력해야 합니다. 바로 이 부분이 우리의 믿음이며 선택이 될 것입니다. 왜냐면 우리가 정말 믿는다면 거친 바람 속에서 그분의 음성을 기다릴 것이기 때문입니다. 그리고 파도처럼 밀려오는 육신의 걱정과 불안을 영의 생각으로 잠잠케 하는 경험을 시작할 수 있을 것입니다.

"육신의 생각은 사망이요 영의 생각은 생명과 평안이니라
(롬 8:6)"

따라서 거듭 이야기하지만, 가장 중요한 것은 성령님의 임재를 구하는 것입니다. 임재를 통해 거룩한 자로 변신하려는 것이 아니라, 그분과 함께 우리의 어리석은 생각과 부족한 모습을 바라볼 수 있는 용기와 여유가 필요하기 때문입니다. 더 이상 율법과 사람들의 판단을 두려워하여, 정직한 방법을 선택하지 못한 채, 자신의 감정을 숨기려고만 해서는 안 될 것입니다.

그리고 그러한 육체의 생각을 고치려고 시도하는 대신, 하나의 생각으로 인정하고 이에 대한 영의 생각을 들을 수 있어야 합니다.

열아홉 번째 시간
정직한 자원

이번에는 우리 안에 나를 지키는 자원이 어떻게 괴물이
되어 가는지 이야기해 보고자 합니다.

앞에서 언급하였듯 두려움은 우리를 정직하지 못하게
하고, 또한 괜찮은 사람처럼 보이기 위해 감정을 억압하
여 서로를 이해하지 못하게 합니다. 감정은 폭발하여 공
격적으로 드러날 때 위험한 것이지, 수위를 조절하여 무
례하지 않게 표현된다면, 정직하고 분명하게 나의 마음
을 전달할 수 있도록 돕는 자원이 될 수 있을 것입니다,

한번은 저의 딸이 초등학교 1학년에 들어가 탁구를 훈

런하고 있었을 때의 일입니다. 제법 훈련을 잘 따라가고 있던 저희 딸이 얼마 전부터 기초체력 훈련인 오래달리기를 힘들어하며 저와 함께 고민하고 있었습니다.

이제 초등학교 1학년이 된 제 아이와 고학년 아이들의 훈련량이 같다는 것을 알게 된 저는 상황의 심각성을 느끼고, 직접 코치님과 통화를 하면서 딸의 오래달리기 훈련을 조금 줄여줄 것을 요청했습니다. 그리고 코치님은 힘든 표정을 짓지 않는 딸아이가 그렇게 힘들어하는 줄 모르고 있었습니다.

하지만 얼마 후 훈련량을 줄인 뒤에도 딸이 다시 저에게 울면서 달리기 훈련이 힘들다고 호소하였습니다. 그래서 웬만해선 훈련을 잘 견뎌왔던 아이의 이례적인 행동을 보고, 이번에는 시험 삼아 아이에게 직접 얼마나 힘든지 코치님에게 이야기해 보라고 권하였습니다.

하지만 딸아이는 본인이 직접 이야기하는 것을 꺼려했고, 제가 계속해서 이유를 묻자, 이렇게 대답하였습니다.

정직한 믿음

"힘들다는 말을 하면 코치님이 (실망하고) 나를 싫어할 것 같아."

우리는 본능적으로 어떤 말을 하면 상대방을 실망시킬 수 있는지 알고 있습니다. 그래서 건강하게 나를 보호하고 지켜야 하는 상황에서조차 불편한 이야기를 잘 꺼내지 않습니다. 그러나 어떤 상황에서는 이야기를 꺼내지 않는다고 해서 나의 불편함이 사라지지 않는다는 것을 잘 알고 있습니다. 그리고 우리는 참고 견디다가 결국에는 터지고 마는 파국적인 결말에 익숙해지게 됩니다. 그렇게 자신도 모르게 우리 안에 괴물을 키워가고 있는 것입니다.

만일 우리가 스스로를 잘 지키고 보호하기 위해, 무례하지 않으면서 분명한 메시지를 전달할 수 있고, 또 그것을 계속 건강하게 훈련해 왔다면 어땠을까요. 매번 갑자기 화를 내고 소리를 지르는 우리 안에 폭력적인 괴물을, 자신과 자신의 삶을 지키는 좋은 자원과 무기로 변화시켰을 것입니다.

그리고 때에 따라서는 ─ 상대방이 얼마나 안전하고 성숙한 사람인지에 달려있긴 하지만 ─ 좀 더 친밀한 관계로 나아갈 수도 있게 해줄 것입니다.

정직하지 못한 삶을 훈련하는 것은 어리석은 것이며, 점점 더 자신을 함정으로 몰아가고, 뻔한 결과를 초래할 뿐입니다. 하나님은 오직 정직한 자와 온전히 함께하실 수 있다는 것을 아는 것은 우리의 삶을 획기적으로 변화시킬 수 있는 계기가 될 것입니다.

"그는 정직한 자를 위하여 완전한 지혜를 예비하시며 행실이 온전한 자에게 방패가 되시나니 (잠 2:7)"

스무 번째 시간
회개

우리는 많은 경우 직감적으로 자신의 어리석은 행동이 스스로를 비천하게 만들었다고 생각합니다. 하지만 그런 행동은 이미 미숙하거나 왜곡된 우리의 인식으로 말미암은 결과에 불과할 때가 많습니다. 따라서 죄의 행동으로 인해 정죄감에 휩싸이는 대신, 그러한 죄와 연결된 우리의 숨은 생각들을 살피는 데 더 부지런해져야 합니다.

그렇게 함으로써 가끔씩 선해 보이는 신념들이 우리의 죄를 일으키기도 하고, 좋아 보이는 행동들도 좋은 생각으로 시작되지 않는다는 것을 어렵지 않게 발견할 수도 있을 것입니다. 또한 이러한 사고의 전환은 상당히 강력한 것으로, 우리 자신을 죄인으로 판단하고 정죄하는 것에서 점점 벗어나, 스스로 '상처 입은 자'로 여길 수 있도록 도와주게 될 것입니다.

"예수께서 들으시고 이르시되 건강한 자에게는 의사가 쓸 데 없고 병든 자에게라야 쓸 데 있느니라 (마 9:12)"

또한 이를 통해 상처의 원인과 치료에 대한 깊은 묵상을 하도록 할 것입니다. 그리고 결국 나뿐 아니라 다른 형제도 이해할 수 있는 길을 여는 데 많은 도움을 주게 될 것입니다. 따라서 우리가 죄를 지은 후 정죄감 속에서 숨고 달아나려고 하는 대신, 받아들이고 싶지 않은 자신의 죄성에 대하여 깊이 묵상하는 것이 필요합니다.

우리는 그러한 사람이었고 지금도 그러한 습관에 메여있다는 것을 인정하고, 다시 그러한 습관에 대한 자신의 익숙한 판단이 나의 영을 잠식시키기 전에, 자신의 죄를 철저하게 묵상하여야 할 것입니다. 다시 말해 우리가 먼저 해야 할 것은 우리가 짓고 있는 죄를 직면하고 철저

하게 죄에 대하여 인식하여야 하는 것이며, 그때 비로소 십자가와 죄의 무게에 대한 퍼즐을 조금씩 맞출 수 있게 될 것입니다.

우리가 십자가를 믿는다는 것은 그저 역사적인 사실로 존재한다는 것을 믿는다는 것이 아니라, 십자가 뒤에 있는 하나님의 뜻을 이해하고 받아들인다는 것입니다. 다시 말해 하나님은 죄를 미워하셔서 그냥 지나치실 수 없다는 것과, 십자가라는 방법을 사용하실 만큼 우리의 죄가 심각하다는 것, 우리가 스스로 의로울 수 없다는 것, 그럼에도 죄의 고통을 대신 당하실 만큼 우리를 사랑하신다는 것 등을 믿는 것이 비로소 우리가 십자가를 우리 것으로 만들기 시작하는 일입니다.

그럼에도 우리는 그저 우리가 죄인이긴 하나 그래도 달리 보면 그럭저럭 괜찮은 사람으로 인정되길 원하고 있습니다. 그저 눈살 한 번 찌푸리거나 혀를 몇 번 찬 후, 잠시 외면당할 정도의 죄인인 것처럼 행동하며, 뺨을 맞고 채찍 정도로 해결할 수 있는 죄를 지은 것처럼 서로 고백하곤 합니다. 우리가 자신의 죄를 모두 깨달을 수는 없겠지만, 내가 인식할 수 있는 깊은 곳의 죄를 외면하고 감추려 할수록, 우리는 그만큼의 은혜를 경험하지 못할 것입니다.

결국 우리의 죄가 얼마나 비관적이며, 도저히 극복할 엄두조차 낼 수 없는 것인지를 인정해야 하는 것입니다. 우리가 십자가 앞에 가져가야 할 것은 바로 그런 절망감이며, 더 어두운 상처와 죄를 드러낼수록 더 밝은 십자가의 은혜와 치료를 경험할 수 있을 것입니다. 이것이 바로 우리가 이루어야 할 회개입니다.

하지만 흔히 사람들은 죄를 깨닫고 다시 같은 죄를 되풀이하지 않아야 온전한 회개를 이룬 것이라고 말하곤 합니다. 물론 틀린 말이 아닙니다. 하지만 이런 가르침의 문제는 아직 성숙하지 않은 형제들에게 계속해서 죄를 짓지 않도록 분발하는 것에 지나치게 초점을 맞추게 한다는 것입니다.

회개는 오직 죄와 싸우는 것이 아니라 주님과의 동행으로 이어져야 합니다. 죄의 행동에 대한 후회나 다시 죄

정직한 믿음

를 짓지 않겠다는 결심을 넘어서, 주님과 연결되어 있지 않은 나의 삶 자체가 회개의 대상이 되어야 한다는 것입니다. 주님과 떨어진 삶이 얼마나 약하고 무능력한 것이며, 죄에 대하여 취약한지를 인정하고, 교제를 회복하고 주님과 연결되는 것이 보다 궁극적인 회개입니다.

따라서 반복되는 익숙한 죄를 짓고 나서, 또다시 되풀이하지 않겠다는 생각은 순진한 결단에 불과할 것입니다. 마치 기침감기에 걸린 사람이 기침을 하지 않기로 결단하는 것과 같이, 불가능하고 의미 없는 시도이기 때문입니다.

"나는 포도나무요 너희는 가지라 그가 내 안에, 내가 그 안에 거하면 사람이 열매를 많이 맺나니 나를 떠나서는 너희가 아무 것도 할 수 없음이라 (요 15:5)"

따라서 왜 주님이 우리 대신 십자가를 지실 수밖에 없었는지를 이해한다면 죄를 짓지 않으려는 이길 수 없는 싸움에 너무 오랫동안 머무는 대신, 주님과의 교제를 회복하려는 이미 승리한 싸움에 더 집중하게 될 것입니다.

그리고 주님이 십자가를 지신 궁극적인 이유가 단지 우리의 죄를 없애려는 것이 아니라, 하나님과의 교제를 회복시키는 데 있다는 것을 알게 될 것입니다. 이것이 우리의 진실한 믿음이 어떻게 우리를 구원으로 인도하는지에 대한 비밀 중의 하나입니다.

"그러므로 우리가 믿음으로 의롭다 하심을 받았으니 우리 주 예수 그리스도로 말미암아 하나님과 화평을 누리자 (롬 5:1)"

우리 믿는 사람들이 오래 끌어야 할 싸움은 아니겠지만, 교만한 우리가 자신의 힘으로 최선을 다해 죄와 싸워보는 것은 필수적인 과정에 속할 수 있습니다. 우리는 피 흘리기까지 최선을 다해 싸워보지 않고서, 죄에 대하여 얼마나 무기력한 존재인지 알 수 없을 것이기 때문입니다.

따라서 아이러니하게도 죄와 피 흘리기까지 싸워야 하는 이유 중 하나는 자신의 의지로 죄와 싸우는 것을 내려놓기 위해서입니다. 최선을 다해 싸워볼수록 좀 더 빨리 내려놓을 수 있겠지만, 제대로 싸워보지 않은 사람들은, 자기의 의를 이루기 위해 계속해서 자신의 힘으로 성취하려는 미련을 가지게 될 수 있습니다.

결국 죄와 싸우는 대상이 자신인, 아직 피 흘리기까지 싸워보지 않은 사람들에게는, 자기의 의를 부정하고 십자가의 능력을 경험한다는 것은 공허한 이론처럼 느껴지게 될 것입니다. 그리고 주님의 임재 없이, 허공을 치며 방향 없이 달리는 것만 같은 유익 없는 싸움을 아주 오랫동안 지속하게 될 것입니다.

스물한 번째 시간
계시

우리는 보통 자신에 대해 무지한 경우가 많습니다. 자신에 대하여 많이 안다고 생각하기 쉽지만 조금만 깊은 질문에도 말을 잃게 됩니다. 사실 자신에 대하여 무지할수록 자신의 가치에 대해서도 당연히 무지하게 됩니다.

자신을 알아가는 방법은 여러 가지가 있을 수 있겠지만 우리가 절대 놓치지 말아야 할 것은 계시입니다. 나에 대하여, 형제에 대하여, 상황에 대하여, 주님에 대하여, 하나님에 대하여 우리가 절대적으로 의지해야 할 것은 하나님의 계시입니다.

"그러나 진리의 성령이 오시면 그가 너희를 모든 진리 가운데로 인도하시리니 그가 스스로 말하지 않고 오직 들은 것을 말하며 장래 일을 너희에게 알리시리라 (요 16:13)"

지금은 이미 퇴물이 되어 보기조차 힘들어졌지만 내가 대학교를 다닐 때만 해도 일반 서민들에게 라디오가 달린 카세트 플레이어는 TV를 제외하고 음악을 즐길 수 있는 거의 유일한 도구였습니다. 그런데 어느 날 나는 이 카세트플레이어를 떠올리면서 "만약 내가 한 번도 사용한 적이 없는 카세트플레이어라면, 나는 내가 무엇인지 스스로 알 수 있을까" 하는 생각을 해본 적이 있습니다. 내가 나의 재질을 분석하고 내 속에 있는 부품을 관찰할 수 있고 오랜 시간 연구하여 각 부품의 기능을 대략 이해하게 되었고, 깊은 통찰 속에서 내가 소리를 만드는 기능이 있다는 것을 알았다고 하더라도, 여전히 나는 무엇일까 하는 질문에서 벗어날 수 있을까요? 여전히 나는 나의 존재의 목적에 대하여 혼란스럽고 '그래서 난 무엇이란 말인가'란 질문을 멈추지 못할 것입니다.

하지만 어느 날 나를 선물로 받은 주인이 여행을 마치

정직한 믿음

고 방에 들어와 내 속에 테이프를 넣고, 음악에 맞추어 기쁘게 춤을 추기 시작한다면 어떨까요? 드디어 나는 내가 누구인지 무엇을 위해 만들어졌는지 알게 되고 나 또한 즐거움으로 함께 춤추게 될 것입니다.

이렇게 우리 자신에 대하여 계시를 받고, 하나님의 목적대로 사용되기 시작할 때, 우리는 비로소 우리에 대한 질문을 멈출 수 있습니다. 그리고 좀 더 궁극적인 질문들을 이어가면서, 그분의 계시를 또다시 기다리게 될 것입니다.

스물두 번째 시간
두려움

내가 서른 즈음에 한번은 친구와 길을 가다가, 길가에 앉아있는 메추리를 본 적 있습니다. 호기심에 가까이 다가가고 있었는데, 어쩐 일인지 새는 잘 움직이지 않고 있었습니다. 1m쯤 가까이 다가갔을 때 새는 나를 피해 전력으로 10m쯤 날아 겨우 도망을 갔고, 즉시 나는 새가 상당히 심각한 상황이라는 것을 알게 되었습니다.

무슨 도움을 줄 수 있을까 싶어, 두어 번의 시도 끝에 어렵지 않게 도망가는 새를 잡을 수 있었지만, 나의 손에 잡힌 새는 단 몇 초도 안 되어 고개를 떨구며 죽고 말았습니다. 그때 애처로움에 잠시 바라보다 나는 문득 이런 생각이 들었습니다. 삶이 얼마 남지 않은 상황에서도 사람이 무서워 그렇게 안간힘을 다해 도망을 다닌 것인가? 그렇게 죽기 직전까지도 두려워했어야 했던 것인가? 어쩌면 삶이 끝나는 순간까지 두려워하며 살아갈 나의 모습을 미리 보는 듯 했습니다.

성경에서는 항상 우리에게 믿음에 대하여 이야기합니다. 그리고 그러한 믿음은 두려움 속에서 증명되곤 합니다. 그리고 믿음을 가진 사람들의 가장 큰 특징은 두려움을 이길 만한 용기였습니다. 사자 굴에서 다니엘이 그랬고 군대에 둘러싸인 엘리야가 그랬지만, 예수님이 잡히시던 밤 제자들은 그렇지 못했습니다.

이렇듯 우리가 가지고 있는 믿음이 얼마나 큰 두려움을 넘어설 수 있는지에 따라 우리의 믿음의 크기를 정한다고 해도 큰 무리는 없을 것입니다. 그렇다면 목숨을 걸어야 하는 심각한 상황은 잠시 접어두고, 그저 좀 손해를 보거나 존경을 받지 못할 것이라는 두려움 등을 이기고 정직하거나 믿음을 지키는 것에 대해서 우리는 어떠한가요? 우리의 믿음은 삶 속에서 마주하는 여러 가지 크

고 작은 두려움을 넘어서고 있을까요? 만일 그렇지 않다
면 무엇이 우리의 삶을 막연한 두려움으로 채우고 조그
만 사건도 견디지 못하게 하는 것인지 잠시 생각해 볼 필
요가 있을 것입니다.

두려움은 과거의 기억이나 현재에 닥친 위험으로부터
올 수도 있고, 미래에 대한 막연함에서 올 수도 있습니
다. 그중에 우리를 가장 힘들게 하는 대부분의 근심은 아
직 일어나지도 않은 미래의 불안함으로부터 오고 있습
니다. 이러한 불안은 너무나 변화무쌍하고 방대한 시나
리오를 가지고 있어서, 한번 빠지게 되면 헤쳐 나오기가
쉽지 않습니다. 그래서 예수님은 장래에 대한 근심을 우
리에게 경계하셨습니다.

"그러므로 내일 일을 위하여 염려하지 말라 내일 일은 내일
이 염려할 것이요 한 날의 괴로움은 그 날로 족하니라 (마
6:34)"

정해지지 않은, 아직 여러 가지 가능성이 있는 상황에
서 대부분의 사람들은 어떻게 반응할까요? 만일 큰 부자

아버지로부터 온 선물상자들을 매일 하나씩 풀어야 한다면 우리는 비록 그 상자 안에 무엇이 있는지 알지 못해도 흥분된 얼굴로 기꺼이 하나하나 여는 수고를 마다하지 않을 것입니다. 그러나 우리는 내일이라는 선물을 궁금해하고 기대하기보다 불안해합니다. 좀 더 안정되기를 원하고 충분히 예측 가능하기를 바라고 있습니다.

그리고 모든 불안한 상황에 대비하고자 우리는 가능한 많이 가지려고 하고 밤낮을 가리지 않고 자신을 바쁘게 몰아가기도 하며, 이런저런 이유로 합리화시키지만 결국 많은 사람이 재물에 사로잡혀 인생을 소모하게 됩니다.

여러 해 쓸 물건을 준비하면서 정작 자신의 죽음에 대해서는 아무런 준비도 하지 못한 어리석은 부자는 성경에서 가장 불행한 사람 중에 한 명으로 꼽힙니다. 하지만 그래도 잠시나마 부자였던 그 사람이 차라리 대부분의 사람들보다 형편이 좀 나았을지도 모르겠다는 생각을 하는 사람도 있습니다.

정직한 믿음

이쯤에서 나는 한 가지 분명히 하고 싶은 것이 있습니다. 우리는 우리의 미래를 결코 알지 못한다는 것입니다.

"형통한 날에는 기뻐하고 곤고한 날에는 되돌아 보아라 이 두 가지를 하나님이 병행하게 하사 사람이 그의 장래 일을 능히 헤아려 알지 못하게 하셨느니라 (전 7:14)"

혹자는 우리가 좀 더 신령하게 되면 예언의 은사를 받아 알 수도 있지 않겠냐고 반문할 수도 있을 것입니다. 좋은 일입니다. 나도 간혹 기도하다 예언을 받기도 합니다. 하지만 성경에서든 교회에서든 아주 제한된 예언 외에 미래를 거의 알고 평소의 삶을 행하는 사람을 나는 아직 본 적이 없습니다.

아브라함은 하늘의 별들을 바라보면서 그와 같은 자손이 언제 어떻게 생겨날지 알지 못하였고, 요셉은 열 개의 별들과 집단들이 자신에게 절하는 것이 어떻게 실현될지 예측할 수 없었으며, 모르드개와 에스더도 자신들이 기대했던 구원이 얼마나 기가 막힌 반전 속에서 일어

날지 상상도 할 수 없었습니다. 그 들이 손에 쥔 것은 그
저 약간의 힌트뿐이었습니다. 우리도 예외 없이 비슷한
조건에서 같은 숙제를 풀어가야 하는 것입니다.

결국 내가 모르는 부분과 할 수 없는 부분이 있다는 것
을 알고, 이것을 정확히 구분할 줄 알아야 합니다. 내가
해야 할 작은 부분을 간과해서도 안 되겠지만, 할 수 없
는 부분에 대해서도 지나친 미련을 가져서는 안 된다는
것입니다. 그것은 하나님의 일이며 우리가 하나님을 경
험할 수 있는 통로일 수 있기 때문입니다. 가나안의 혼인
잔치와 나사로의 부활 때처럼 항아리에 아귀까지 물을
채우건 무덤에서 돌을 옮기건, 사람은 사람이 할 수 있는
일에 부지런하면 족합니다.

결국 판을 짜시는 것은 하나님입니다. 이야기를 구성
해 가시는 것은 하나님뿐입니다. 요셉이 애굽에 팔려간
것도 요셉의 지혜나 의지가 아니었고, 감옥에 간 것도 그
의 책략이 아니었습니다. 왕이 잠이 오지 않게 했던 것
도, 그래서 모르드개의 공적이 적힌 책을 읽게 한 것도
에스더나 모르드개의 작전은 아니었습니다. 룻이 과부

가 되어 나오미를 따라 이스라엘에 머물며 보아스라는
부자와 결혼을 하게 된 나름 해피엔딩 스토리의 어느 구
석도 룻의 전략 같은 것은 없었습니다.

그것은 다 하나님의 일이었습니다. 그들이 한 것이라
고는 절망에 사로잡혀 내가 할 수 있는 작은 일마저도 포
기해버리는 실수를 하지 않은 것뿐이었습니다. 거기에
는 내가 해야 하는 것과 하나님이 하시는 일에 대한 분명
한 구분이 있습니다. 내게 주어지지 않은 것, 할 수 없는
것에 초점을 맞추지 말고, 내게 주어진 것 할 수 있는 것
을 묵묵히 이룰 줄 알아야 합니다.

이러한 구분은 우리의 삶 속에서 거의 모든 사람을 항
상 만족시키려는 무모한 짐을 내려놓게 하며, 내가 할 수
있는 만큼 조금씩이라도 이해하려는 작은 노력이 관계
를 변화시킨다는 것을 알게 합니다. 또한 예상되는 모든
두려운 상황에서 벗어나기 위해 분주하게 자신의 삶을
몰아가는 것보다, 모든 역사와 개인의 삶이 하나님의 손
에 있다는 것을 인정하고, 내가 오늘 할 수 있는 작은 것
들을 즐기는 삶을 살도록 해 줍니다.

이렇게 내가 할 수 없는 것과 할 수 있는 것을 구분하는 기본적인 겸손이 우리가 영적인 삶에 올라갈 수 있도록 짐을 가볍게 하여줄 뿐 아니라, 자신과 다른 사람들을 대하는 우리의 마음을 좀 더 관대하고 온유하게 하여줄 수 있을 것입니다. 내가 해야 할 것이라고 생각한 내가 할 수 없는 일에 대해, 주님께 내려놓지 못하는 한 우리의 두려움과 걱정의 짐은 언제까지나 무거운 시험이 될 것입니다.

"나는 마음이 온유하고 겸손하니 나의 멍에를 메고 내게 배우라 그리하면 너희 마음이 쉼을 얻으리니 이는 내 멍에는 쉽게 내 짐은 가벼움이라 하시니라 (마 11:29~30)"

정직한 믿음

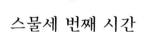

스물세 번째 시간
선입견

이번에는 우리의 인지구조를 가장 교란하는 것 중의 하나인 선입견에 대하여 이야기해 보려고 합니다.

우리는 사람들이 갇혀있는 마음의 감옥 — 어리석어 보이는 생각의 틀 — 이 아름다워 보이지는 않을지라도 존중할 줄 알아야 합니다. 무시하고 싶은 충동을 감춘 가식적인 연민이나, 비난을 겨우 억누른 예의바른 행동이 아니라, 동등한 인간으로서의 존중에 먼저 이르러야 하는 것입니다.

이런 마음의 감옥은 그 뿌리가 우리가 생각한 것보다

훨씬 깊고 오래되었고 복잡한 경우가 많습니다. 대부분의 이러한 사람들의 행동이 나에게는 답답하고 미련해 보이기 쉽지만, 그들에게 있어서는 결코 그렇지 않다는 것을 이해하여야만 합니다.

때로는 사람들이 버림받는 것이 두려워 스스로 떠나고, 거절당할 것이 두려워 먼저 외면하며, 무시당하지 않기 위해서 거칠게 대하기도 하고, 이기적인 사람들에 치여 더 이상 이타적이 되어야 할 이유도 느끼지 못한 채 살아가고 있다는 것을 볼 수 있어야 합니다.

우리는 이해할 수 있는 능력이 적은 만큼 사람들을 미워하게 되며, 결국 미워하는 사람들을 닮아가는 자신조차도 이해하지 못하게 될 것입니다. 하지만 용서는 기본적으로 사람과 상황에 대한 이해를 전제로 하는 것이기 때문에, 다른 사람이 빠진 덫에 대하여 이해하려는 노력이, 우리로 하여금 같은 덫에 빠지지 않도록 보호해 준다는 것을 기억해야 합니다.

그러나 심지어 어떤 사람들은 그저 보이는 모습이나

정직한 믿음

잠깐의 행동을 가지고 상대방에 대하여 이해한 것처럼 생각하기도 합니다. 그리고 이러한 인지 과정에서 큰 오류를 일으키곤 하는, 선입견이라는 장애를 마치 자신의 능력인양 과시할 때도 있습니다. 그중에 많은 사람들은 이러한 판단이 자신의 경험과 판단에서 나온 통찰임을 강조하기도 합니다. 하지만 자기 자신이라도 조금 더 깊이 알게 된다면, 사람의 신비로움에 감탄하게 될 것임에도, 그러한 경험과 이로 말미암은 사람에 대한 존중은 없어 보입니다.

"내가 주께 감사하옴은 나를 지으심이 심히 기묘하심이라 주께서 하시는 일이 기이함을 내 영혼이 잘 아나이다 (시 139:14)"

진정한 통찰이란 99%가 감추어진 우주의 문을 어떻게 여는지에 대한 1%의 지식이며, 선입견은 어디가 문인지도 모르는 99%의 즉흥적인 생각입니다. 따라서 통찰은 더 많은 진실에 대한 호기심과 설렘으로 가득 차게 하지만, 선입견은 더 이상 알아갈 필요나 가치도 없다고 생각하게 만들 것입니다.

스물네 번째 시간
본질

오래전에 어떤 자매에게 다음과 같은 질문을 받은 적이 있습니다. "왜 나는 버스 안에서 누군가 나를 쳐다보면 곧 불편해지고 그 사람에게 조종당하는 것처럼 어색해질까?" 이러한 질문은 비단 그 자매만 가진 특별한 심리적인 장애가 아니라 모든 정상인이 정도의 차이는 있겠지만 공유하는 느낌일 것입니다.

만일 어떤 사람이 바로 뒤를 따라오거나, 일을 할 때 누군가 우리를 주시하고 있다는 생각이 들면, 우리는 마음이 아니라 보여지는 모습에 신경이 쓰이게 되고, 곧바로 우리의 행동은 곧 어색하고 불편해지는 것을 느낄 수 있습니다. 이것은 다른 사람의 시선이 우리를 비본질적인 것에 신경을 쓰도록 하기 때문입니다.

마찬가지로 우리가 사람과의 교제가 어색하거나 발전이 없는 경우 중 대부분이 본질적이지 않은 부분에 집중하고 있기 때문입니다. 우리는 때로 교제를 시작할 때 세련되고, 유머 감각이 있으며, 품위가 있어 보이고, 만만치 않게 보이려 하는데 많은 에너지를 집중하면서 자랑을 늘어놓기도 합니다.

또한 낮은 점수를 받을까 봐 두려워하거나 아예 회피해버리려고 하는 경우도 많지만, 그러면 그럴수록 우리의 교제는 점점 멀어져 가는 것을 느낄 수 있습니다. 그러나 우리가 가야 하는 목적이나 방향이 아닌 비본질적인 걷는 모습에 집중할 때 우리의 걸음이 어색해지고 긴장되듯이, 반대로 본질에 집중할 때 우리는 나머지 비본질적인 것으로부터 자유로워질 수 있습니다.

다시 말해 상대방의 부족함을 내가 어떻게 도와줄 것이며, 오해로 시작된 공격을 어떻게 용서해 줄 것이고,

선입견으로 가려진 냉담한 눈을 어떻게 이해해 줄 것인지, 그리고 의심과 불안으로 지나치게 이기적인 사람들을 어떻게 대해야 할지 등, 교제의 본질인 이해와 용서에 집중할 때, 드디어 비본질적인 것으로부터 자유로워 질 수 있을 것입니다.

그리고 이러한 본질에 집중하고 있는 동안 우리는 어렵지 않게 품위나 유머, 여유같은 비본질적인 것에 대해 본래의 자연스러움과 매력을 회복할 수도 있을 것입니다. 따라서 비본질적인 것 때문에 거절당하고 버림받을지 모른다는 두려움도 힘을 잃고 우리 마음 속에서 차츰 사라지는 것을 보게 될 것입니다.

"사랑 안에 두려움이 없고 온전한 사랑이 두려움을 내쫓나니 두려움에는 형벌이 있음이라 두려워하는 자는 사랑 안에서 온전히 이루지 못하였느니라 (요일 4:18)"

스물다섯 번째 시간
비난의 어리석음

우리는 상대방을 충분히 이해하지 못하거나 이해할 수 있는 능력이 부족할 때, 흔히 상대방을 미련하게 생각하며 무시하려는 경향이 있습니다. 많은 경우, 상대방을 이해하지 못하는 부족함이 자신에게 있음에도 불구하고, 이해할 수 없는 상대방의 행동에만 비난을 쏟아붓곤 한다는 것입니다.

한번은 아침에 아내와 작은 실랑이를 벌인 일이 있었습니다. 아내는 세탁소에 맡긴 재킷이 어디 있냐는 나의 질문에, 긴장을 겨우 감추고 자신도 의식하지 못한 채 방어적인 어투로 '이미 다 찾아왔으며 남편인 내가 어디다

두었을 것'이라고 대답하는 것이었습니다.

나는 그런 태도로 아내가 나의 질문에 대답할 때마다 이유는 알 수는 없지만 공격적인 성향을 발견하곤 하였고, 그렇게 '나는 모르는 일이고 나에게는 아무런 잘못도 없다'는 식의 대답 대신 '왜 좀 더 친절하게 여유를 가지고 자신의 기억을 더듬어 볼 생각을 못 하는가?' 하는 생각을 하곤 하였습니다.

그런 순간적인 아내의 행동이 나는 고집스럽고 생떼를 쓰는 것처럼 보였고, 어른으로서 대접받고 싶으면 그런 어린아이 같은 행동을 버려야 한다고 생각하였습니다. 그리고 잠시 후, 세탁소에서 아직 찾아오지 않은 사실이 드러난 후, 아내는 긴장된 시간을 보내야 했으며, 나는 아내가 전적으로 잘못되어 있다고 확신하였습니다. 정말 그런 것일까요?

평소 아내는 음식 만드는 것에 서툴고 정리를 잘 못하며 운동이나 산책을 좋아하지 않습니다. 나는 그런 행동에 적지 않은 지적을 하곤 하였습니다. 또한 사사로운 것들을 잘 기억하지 못하는 아내는 나에게 자주 핀잔을 듣곤 합니다. 하지만 바로 그러한 이유로 나에 대한 서운한 일들도 금방 잊어버리고, 어린아이처럼 나를 좋아해 주곤 한다는 사실을 어리석게도 자주 잊어버리는 사람은 바로 나 자신이었던 것이었습니다.

나의 이런 지속적인 비난은 그녀의 에너지를 고갈시키고 우울하게 했었으며, 나에게 잔소리 대신 인정을 원하면서, 에너지가 있을 때마다 노력하던 아내를 점점 좌절하게 만들고 있었습니다. 그런 잔소리는 때때로 질문을 위장하여 시작되었기 때문에 당연히 아내는 나의 질문에 예민해지고 있었으며, 점점 더 비난에 취약해지고 있었던 것이었습니다.

하지만 다시 생각해 보면 아내의 단점이라고 생각했던 모습들은 나에게 오히려 축복인 경우가 많았습니다. 만일 아내가 항상 정리 정돈을 해야 할 만큼 예민하고, 사사건건 나의 잘못을 기억해 두며, 항상 밖으로 돌며 사람들을 만나고 다니면서 나에 대한 관심이 적었다면, 적어도 나에게는 거의 재난에 가까운 결혼생활이 되었을 것입니다.

다행히 그녀는 전혀 그런 사람이 아니었습니다. 하지만 그녀가 가지고 있는 엉성해 보이는 경향들은 공격받기 쉬운 것이어서, 항상 그녀를 비난에 대상으로 삼고, 존중하는 태도를 보류해야 할 간사한 구실이 되어 왔던 것이 사실입니다.

그러나 분명한 것은 아내는 가끔씩 발 마사지를 해주고, 퇴근 후 피곤한 몸으로 나를 위해 새로운 음식에 도전하며, 투자와 관련하여 전적으로 나를 믿어주고, 나를 위해 틈틈이 쌓아둔 포인트로 영화관에 가주는 등, 나와의 관계를 위해 나보다 훨씬 더 노력하고 있다는 것이며, 불만스러운 표정으로 팔을 꼬고 앉아 충분한 노력을 하지 않는 것은 바로 나였던 것입니다.

그런 내가 지금 해야 할 것은 나의 질문에서 비난이 사라지고 존중이 느껴지도록 하는 것입니다. 그럴 때만이 나에 대한 무장을 풀고 방어적인 태도를 멈출 수 있을 것이며, 비로소 나의 질문에 여유를 가지고 친절하게 대답할 수 있을 것입니다.

정직한 믿음

스물여섯 번째 시간
수치심

적지 않은 사람들이 무시당하지 않기 위해 좀 무리한 대출로 구입한 차를 운전하면서, 내 앞에 끼어드는 무례한 차에 지지 않으려고 쉽게 속력을 줄이지 않습니다. 회사에 나와 다른 의견을 내는 사람들에게 지지 않으려고 감정적으로 흥분하고 근거를 부풀리기도 합니다. 일을 즐기면서 하기보다 다른 사람들로부터 비난을 면하기 위해 꼼꼼하게 검토하기도 하고, 다른 사람들보다 더 인정받기 위해 분발하기도 합니다. 집에서 부부가 서로 지기 싫어서 싸운 후에, 또 서로 지지 않기 위해 며칠 또는 몇 달 동안을 먼저 사과하거나 대화를 시도하지 않기도 합니다. 심지어 그러다 자존심 때문에 더없이 소중한 사람

들을 잃기도 합니다. 우리는 인정받고 존경받기 위해서
는 무슨 일이든 기꺼이 하려고 하지만, 대신 무시당하거
나 비난당하는 것에 대하여 분노와 공포를 가지고 살아
가고 있습니다.

안타깝게도 우리의 부모님들은 우리의 실수에 따듯하
게 격려하는 방법에 서툴렀고, 우리도 그러한 방법을 배
우지 못했기 때문에, 여전히 실수하고 지는 자신을 용납
하지 못하고 있습니다.

우리는 비난을 면하고 칭찬을 받기 위해 남보다 나은
결과를 성취하여야 했고, 때로는 군인처럼 실수 없이 완
벽하게 임무를 수행하여야 했습니다. 하지만 아이러니
하게도 우리의 자신감은 꼭 이겨야 한다는 강박적인 마
음에서가 아니라, 내가 실패하기도 하며 다른 사람에게
질 수도 있다는 여유로움에서 온다는 것을 잘 이해하지
못한 채, 오늘도 지지 않으려고 몸부림치며 살아가거나,
이미 패잔병이 되어 무기력하게 사는 것을 자주 보게 됩
니다.

정직한 믿음

그리고 자녀들에게도 그나마 자신처럼 치열하게 살지 않으면 처참한 인생을 맞이하게 될 것이라고 협박하면서 명분 없는 자신의 삶을 계속해서 이어가게 할 것입니다. 그러나 이러한 삶의 가장 위험한 결과는 자신이 실패라고 생각하는 것이나 부족하게 느껴지는 자신의 일부를 감추며 스스로 수치스럽게 느끼기 시작한다는 것입니다.

이러한 수치심은 또다시 교묘히 위장되면서, 우리 자신과도 끝없는 술래잡기를 이어갈 것입니다. 결국 자신이 왜 그렇게 분노하거나 근심하는지, 왜 지나치게 불안해하거나 계속해서 거짓말을 하는지에 대한 숨겨진 원인조차도 잊어가게 될 것입니다.

또한 그처럼 오랫동안 실패를 되풀이하면서도, 왜 자신을 정직하게 드러내면서 은혜 안으로 들어가지 못하고, 인정받기 위해 계속해서 자신의 모든 율법과 씨름하게 되는지에 대한 실마리를 주기도 합니다. 실제로 우리 삶 속에서 놓치지 말아야 할 덕목은 존중과 정직함 정도임에도 불구하고 우리는 지나치게 많은 기준으로 자신과 남을 지치게 하고 있습니다.

 또한 많은 사람이 지난 실패의 이유를 여러 가지 복잡하고 어려운 것에서 찾으려고 합니다. 그러나 조금만 생각해 보면 단순히 존중과 정직함이 부족했기 때문인 경우가 많다는 것도 알게 됩니다. 따라서 우리의 수준과 상관없이, 남을 존중하지 못하거나 정직하지 못한 사람들이 설 자리는 많지 않은 것이 사실이기 때문에, 이러한 부분에서 항상 주의해야 할 필요는 있을 것입니다. 하지만 이러한 덕목에서 균열이 크지 않다면, 그 외에 미성숙한 생각이나 서툰 행동 같은 자신의 부족함 들에 대해서 치열하게 씨름하기보다, 오히려 공개하고 함께 웃을 수 있는 여유를 가지는 것도 고려해 볼 만합니다. 실제로 이러한 고백들은 자신을 효과적으로 치료하게 되는데, 이것은 자기의 부족함을 숨기며 불안해하던 것에서 벗어나, 좀 더 편안한 마음으로 완벽하지 않은 자신을 돌아볼 수 있게 해주기 때문입니다. 다시 말해 숨기는 데 사용하던 에너지를 자신을 통찰하는 데 집중할 수 있도록 해 준다는 것입니다.

그럼에도 불구하고 우리 대부분은 자신의 가치와 자존감을 남보다 뛰어난 능력과 완벽한 모습을 통해서 회복하려 하기 때문에, 여전히 지는 것에 과민하고 자신의 실수에 분노하며 살아가고 있습니다.

하지만 이런 모습으로 살아가는 사람들이 경험해야 하는 가장 큰 시험과 아픔은 여기에서 그치지 않습니다. 그들은 오늘도 우리의 이웃들이, 상대적인 승리감을 얻어야 하는 대상이 아닌 사랑과 교제의 대상임을 잊고, 여전히 방어적이고 인색한 삶을 살아가고 있으며, 서로에 대해 자주 시험에 들곤 합니다.

스물일곱 번째 시간
믿음의 깊이 1

우리가 어떤 기준이나 율법 등을 따르지 않았을 때 우리는 율법의 저주와 형벌을 두려워하게 됩니다. 그리고 그것을 어느 정도 만족시켰을 때의 뿌듯함과 율법의 보상을 기대하며 흐뭇해합니다.

　앞에서 이야기했듯, 이렇게 율법은 우리에게 무서운 형벌을 주는 대신, 잘 지킨 자에게는 부와 장수, 건강과 지혜, 능력 그리고 사람들의 존경 등을 약속하면서 우리에게 엄청난 환상을 줍니다. 은혜에서 벗어나, 길을 잃은 우리에게는, 정말 보기 좋고 탐스러운 유혹이 아닐 수 없습니다.

하지만 그러한 율법 안에서 우리는 최선을 다하여 율법을 이루려는 것보다, 오히려 율법 안에서 괜찮은 사람인 것처럼 자신을 위장하고, 자신의 부족해 보이는 생각과 마음이 드러날까 늘 불안해하며 살아가고 있습니다. 그러면서도 별다른 길을 발견하지 못하는 사람들은, 자신도 모르게 율법에 대하여 집착을 가지고 있으며, 그것에 의지하여 노력하기도 하고 또는 포기하면서 비관적인 삶을 살아가기도 합니다. 어느 쪽이든 율법에서 벗어나기는 어려워 보입니다.

만일 우리가 지금이라도 율법의 정체를 알았고, 그것에서 벗어날 수 있다고 생각한다면, 그것은 착각에 불과합니다. 우리가 모든 지식과 능력으로 이것을 통찰한다고 해도, 율법에서 벗어날 수 있는 유일한 방법은 십자가를 정직하게 받아들이는 것이라는 사실을, 한 번 더 확인할 수 있을 뿐입니다. 결국 마음 중심에서 진심으로 믿을 것인지에 대한 정직한 선택이 언제나 우리 몫으로 남아 있는 것입니다.

그리고 이러한 믿음에도 그 깊이와 수준의 차이는 있

을 것입니다. 성경에서도 믿음에 대하여 큰 자와 작은 자를 구분하고 있는 것처럼, 분명 우리의 믿음엔 수준이 있고 크고 작음이 있습니다. 어떤 사람들은 심지어 믿음의 수준을 등급으로 정해놓고 말하기도 합니다. 이러한 것들은 믿음의 깊이를 조금이나마 측정할 수 있는 도구가 될 수도 있을 것입니다.

나의 경우에는 지금 자신이 당하고 있는 시험이 무엇인지 생각해 보라고 권하고 싶습니다. 자신의 믿음에 시험이 되고 도전이 되는 것이 무엇인지 살펴보라는 것입니다.

만일 거지들이 있고 그들 중에 나도 있다고 가정해봅시다. 거지들 중에 나보다 많은 밥을 얻어온 거지를 시기하면서 왜 나는 좀 더 많은 밥을 얻어오지 못할까를 심히 고민하고 있다면, 나는 틀림없이 거지이거나 거지 정도의 수준일 것입니다. 하지만 훌륭한 업적을 이루어낸 위대한 지도자를 존경하면서, 어떻게 하면 나도 그렇게 좋은 영향력을 가질 수 있을까를 항상 고민하고 있다면, 아마도 나는 지도자의 길을 가고 있는 사람일 것입니다.

다시 말해 나의 수준만큼 나는 도전을 받는 것입니다. 주일에 교회에 나갈지를 매주 고민하는 사람에게 헌금은 아직 시험 거리가 아니며, 자랑하듯 헌금을 내면서 뿌듯해하는 사람에게 선교의 헌신은 아직 시험 거리가 아닐 수밖에 없습니다.

스물여덟 번째 시간
믿음의 깊이 2

여기서 우리는 구원을 얻을 만한 믿음이라는 것은 어느 정도일까를 잠시 고민할 필요가 있을 것입니다. 우리는 분명 수많은 설교와 서적을 접하면서 구원은 오직 믿음을 통하여 이루어진다고 배워왔습니다. 우리의 의지와 능력으로는 의로워질 수 없으며, 자신의 의를 세우려고 하는 노력에서 벗어나, 오직 겸손하게 십자가에서 나타난 하나님의 은혜를 의지하는 것만이 유일한 구원의 길이라고 듣고 고백하여 왔습니다.

물론 성경이 그것을 말하고 있다는 것도 우리는 알고 있습니다. 그러나 여전히 해결되지 않는 우리의 죄와 이기심, 어리석음을 두고 믿음이라는 면죄부를 계속해서 사용하기에는 다른 성경 구절의 도전이 만만치 않습니다. "주여! 주여! 부르는 자가 아니라 하나님의 뜻대로 행하는 자(마 7:21), 불법을 행하지 않는 자(마 13:41), 지극히 작은 자에게 은혜를 베푸는 자(마 25:31~46), 기름을 준비하고 주님을 기다리는 자(마 25:1~13), 거듭난 후 타락하지 않은 자(히 6:4~6). 형제를 미워하지 않고 사랑하는 자(요일 2:9~11), 어린아이와 같이 하나님의 나라를 받드는 자(마 18:2~3, 막 10:15), 눈을 빼고 손을 자를지라도 죄를 멀리하고자 하는 자(마 5:29~30)" 등, 이런 자들이 구원을 받을 것이라는 날 선 하나님의 말씀이 구약이 아닌 신약 속에서 우리를 주시하고 계신 것을 잘 알고 있습니다.

하지만 그렇다고 해서 이렇게 우리의 의로운 행위를 통하여 우리가 구원을 받을 수 있는 것이라고 한다면, 또는 우리의 의로운 행위로 우리의 믿음을 다시 증명해야 한다면, 그리스도의 십자가의 희생은 실제적인 구원이라고 보기 어려울 것이다. 그저 하나님의 사랑을 확인하고 뜨거운 감사를 느끼게 하며, 이를 통하여 계속해서 의로운 사람이 되고자 우리를 분발하게 하는 촉매제의 역할 정도로 생각해야 할 것입니다. 구약시대와 달라진 것은 별로 없어 보입니다. 다만 우리는 구원을 위해서 여전히 율법이나 양심적으로 의로운 사람이 되어야 하는 동시에 예수님의 십자가도 믿어야 합니다.

그러나 격려나 감동, 그리고 어떤 프로그램을 통하여서도 결코 의에 이를 수 없다는 것이, 죄에 대하여 몸부림쳐 본 우리의 경험이자 또한 성경의 말씀입니다. 또한 구원의 의가 감사를 통한 우리의 의지로 성취하는 것인지, 아니면 전적인 하나님의 십자가의 능력으로 성취되는 것인지 혼란스럽게 하는 결과를 초래하게 될 것입니다.

하지만 분명한 것은 우리에게 구원의 칭의를 주는 것은 그리스도의 십자가이며, 우리를 실질적으로 죄에서 벗어나 의롭게 하는 능력도 십자가에 있다는 점에서, 이러한 설명도 십자가의 비밀을 적절히 설명하고 있다고 보기 어려울 것입니다.

"만일 우리가 하나님과 사귐이 있다 하고 어둠에 행하면 거짓말을 하고 진리를 행하지 아니함이거니와 그가 빛 가운데 계신 것 같이 우리도 빛 가운데 행하면 우리가 서로 사귐이 있고 그 아들 예수의 피가 우리를 모든 죄에서 깨끗하게 하실 것이요 (요일 1:6~7)"

죄에 대하여 우리가 할 수 있는 것은 빛 가운데 거하는 것이며, 이는 의로운 행위를 한다기보다, 우리의 죄를 하나님 앞에 숨기지 않고 정직하게 통찰하여 고백한 후, 해결 받아야 하는 것으로 볼 수 있습니다. 따라서 본문의 말씀처럼, 우리를 실질적으로 의롭게 할 수 있는 힘이 우리에게 있지 않다는 것입니다. 그렇다면 의로운 행위가 아닌 무엇으로 우리는 구원받을 만한 믿음이 있다고 말할 수 있을 것일까요?

혹자는 의로움은 우리의 의지로 이룰 수 있는 것이 아니며, 지금 당장에 나타나지 않더라도 오랜 영적인 삶을 통하여 자연스럽게 맺어지는 열매라고 말할지 모릅니다. 우리가 영적인 삶을 살아가기를 선택한다면 언젠가는 자연스럽게 의로워질 것이고, 따라서 우리의 구원은 의로운 행위가 아닌 영적인 삶에서 찾아야 한다고 주장할 수 있을 것입니다. 맞는 이야기입니다. 성경에서도

정직한 믿음

율법이 할 수 없는 그것을 영으로 한다고 하신 것처럼, 이것이 내가 앞으로 좀 더 진지하게 하려는 이야기이기도 합니다.

하지만 여기서 우리는 좀 더 절망스러워해야 할지도 모르겠습니다. 영을 따라 살면서 진리와 사랑을 배워가고 있다고 하기에는 우리의 삶은 대부분 너무 세속적이며, 보이지 않는 영의 삶을 논하기에는 어리석게도 거의 모든 일에 보이는 것에만 반응하고 있기 때문입니다. 따라서 이미 구원을 받았고 그래서 영적인 삶을 살겠다던 우리의 선택과는 달리, 우리 앞에 아직도 나타나지 않는 영적인 삶에 대한 의문과, 그렇다면 구체적으로 어떻게 영적인 삶을 살 수 있을지에 대한 또 다른 막막한 질문에 가로막히게 될 것입니다.

때로 우리는 은혜를 경험하거나 감동에 젖어서 영적인 삶을 살고 있다고 생각하기도 합니다. 하지만 다윗을 잡기 위해 라마 나욧에 이르러 하나님의 영을 받고 예언했던 사울 왕이나, 잠시 영의 눈을 떠서 하늘에 천사들을 본 게하시가 영적인 삶을 살았다고 이야기하는 사람은 거의 없을 것입니다.

우리는 그저 몇 가지 인생의 조그만 통찰을 얻거나 성
경 속에서 약간의 교훈을 얻기라도 하면 영적인 눈과 귀
가 열리고 영의 사람이 된 것처럼 생각하곤 합니다. 그러
나 율법에 능통하며 당시 사람들에게 존경받던 유대인
의 지도자 니고데모에게 그 정도의 통찰력이 없어서, 예
수님은 그에게 영으로 나지 않으면 하나님의 나라를 볼
수 없다고 하였을까요? 그저 몇 번의 영적인 이벤트나
간증할 만한 경험이 우리의 삶이나 우리 자신을 영의 수
준에 올려놓는 것은 아닐 것입니다.

영의 사람이란 성경에서 영적으로 거듭난 사람이며
(요 3:6~8) 보이는 것보다 보이지 않는 진리를 따르고(고후
4:16~18) 하늘의 것을 생각한다고(골 3:1~2) 표현하고 있
습니다. 영의 눈으로 자신을 돕는 천사를 보며(왕하 6:16),
아나니아처럼 주님과 변론하듯 묻기도 하고(행 9:10~16),
율법이나 양심보다 탁월하며(롬 8:4, 롬 2:15), 신령하여 다
른 사람을 판단하지만 자신은 아무에게도 판단 받지 않
는(고전 2:12~15) 영적인 삶을, 그저 쉽게 얻을 수 있는 것

이라고 보기에는 무리가 있어 보입니다.

따라서 우리가 영적으로 살아야 한다는 것은 마치 의로운 삶을 살아야 한다는 것만큼이나 절망스럽고 막연하게 느껴질 수도 있을 것입니다. 무엇인가 실제적인 가르침이 좀 더 필요해 보입니다.

어떤 사람은 우리의 거듭남이 급격하게 일어나지 않더라도 주님과 동행하면서 우리의 인생을 통하여 서서히 변화되는 것이며, 이러한 변화가 구원의 증거가 될 수 있다고 이야기합니다. 맞는 말일 수 있을 것입니다. 그렇다면 어느 정도 서서히 변화되어 가는 것일까요? 또한 다른 종교나 세상 사람들도 가끔 나이가 들어가면서 다른 사람들을 배려하고 고집을 줄이며 조금씩 지혜로워지는 것을 볼 수 있지 않은가요?

이러한 변화가 모두 거듭남과 구원의 증거라고 보기는 어려울 것입니다. 또한 이런 논의 자체에 대한 회의를 가지고, 자신 안에 구원에 확신이 있는지 여부에 따라 구원이 결정된다는 사람들도 있겠지만, 주님의 이름으로 권능을 행하고 병든 자를 고치면서, 본인들이 선지 자라고 믿던 사람들에게, 예수님께서 하신 심판의 말씀 (마 7:22~23)에 대하여 겸손히 고민할 수 있어야 할 것입 니다.

결국 혼란스럽게 계속되는 이러한 질문 속에서 우리 의 구원이 믿음과 행위 중에 어느 쪽에 무게가 실려야 하 는지에 대한 오래된 논쟁을 피할 수 없게 됩니다. 믿음으 로 만이라고 하거나 행위만이라고 하기에는 성경뿐 아 니라 현실 속에서조차 우리는 길을 잃을 수밖에 없을 것 입니다.

이런 거듭되는 모순 속에서 정작 내가 말하고 싶은 것 은, 우리가 믿음과 행위 사이에서 우리의 구원에 대해 고 민하며 질문하고 있는 동안에는 결코 그 균형이나 해답 을 찾기가 힘들다는 것입니다. 즉 우리에게는 좀 더 성숙 한 질문이 필요합니다.

정직한 믿음

스물아홉 번째 시간
믿음의 깊이 3

우리의 구원에 대한 스스로의 증명은 우리의 믿음과 행위에 대한 현재의 진단이 아닌, 교제 안에서 올바른 방향감을 얻을 때에만 가능한 것입니다. 그리고 바른 방향으로 가고 있는 동안 우리의 가변적으로 보이는 현재의 믿음과 행위에 대해 큰 의미를 두게 되지는 않을 것입니다.

"우리가 보고 들은 바를 너희에게도 전함은 너희로 우리와 사귐이 있게 하려 함이니 우리의 사귐은 아버지와 그의 아들 예수 그리스도와 더불어 누림이라 (요일 1:3)"

다시 말해 율법과 행위라는 현재 보이는 현상적인 기준을 따라 구원을 이야기할 수 있는 것이 아니라, 교제가 있는 올바른 방향성을 가진 삶 속에서 구원은 이미 우리 삶의 기초가 되어 있다는 것입니다. 따라서 만약 우리가 하루하루를 이웃들 그리고 특히 주님과의 교제를 통하여 우리의 방향을 놓치지 않고 있다면, 우리가 양인가 염소인가 하는 고민이 아닌 얼마나 성숙한 양인가를 기대하게 될 것입니다.

"그의 형제를 미워하는 자는 어둠에 있고 또 어둠에 행하며 갈 곳을 알지 못하나니 이는 그 어둠이 그의 눈을 멀게 하였음이라 (요일 2:11)"

다시 말해 우리의 구원을 믿음과 행위 사이에서 찾으려고 하는 것은, 아직 우리가 방향을 잡지 못했고, 여전히 율법 안에 있다는 증거가 될 수도 있는 것입니다. 마치 광야에서 나침반과 지도를 보면서 자신의 위치를 파악하려고 하는 사람은, 끊임없이 자신이 바른 길 위에 있는가를 의심할 수밖에 없겠지만, 저 멀리 중간 중간 목적지들을 보면서 가는 사람은 자신의 현재 위치가 그리 중

정직한 믿음

요하지 않을 것입니다. 나는 지금 바른 방향으로 가고 있기 때문입니다.

그러므로 우리는 우리가 죄를 지었느냐에 지나치게 초점을 맞추어서는 안 됩니다. 무엇 때문에 이미 진 싸움을 또 시작하겠습니까? 분명한 것은 구원을 받은 사람이건 아니건 모두 나름의 죄를 짓는다는 것입니다. 사실 우리로 하여금 지속적인 죄와의 지루한 싸움에서 승리할 수 있게 하는 힘은, 몇 번 죄의 유혹을 뿌리치고 느끼는 성취감이 될 수 없습니다.

우리가 죄를 억누를수록 우리 안에 죄의 유혹은 점점 강해지기 때문입니다. 성경에서도 계명은 죄를 억압하고, 덕분에 죄가 심해지며, 결국 우리가 변명할 수 없는 죄인으로 드러나게 된다고 설명하고 있습니다(롬 7:13).

그렇다고 해서 십자가의 감사와 죄송함 같은 우리의 단기적인 감정으로도 끈질긴 죄의 유혹을 견제할 수 있는 것도 아닙니다. 다만 이로 인해 시작되는 주님과의 지속적인 교제만이 하나님과의 풍성한 관계를 회복하면

서, 동시에 죄의 공격을 무력화 시킬 수 있는 유일한 대
안인 것입니다. 따라서 구원의 완성에 대하여 우리가 생
각해야 하는 것은 주님과의 교제의 문이 열려있느냐는
것입니다. 그 문을 통해서 오늘 우리가 주님께 무언가를
묻고 또 답하여 주시는 대화와 교제가 어떠한 형태로든
일어나야 하는 것입니다.

주님은 지혜가 부족한 누구든지 구하면 주시겠다고
약속하셨으며, 누구든 목마른 자들이 자신의 샘에 오는
것을 막지 않으시겠다고 하셨습니다. 심지어 살인과 간
음을 저지른 다윗도 주님과 대화의 문을 닫지 않고, 회개
함으로써 다시 주님과의 교제를 지속할 수 있었습니다.

그 교제의 문은 결코 주님이 먼저 닫지 않으시며, 심지
어 헛되이 제사를 드리는 자들이 성전에 출입하는 것을
친히 막으실 수도 있었지만, 그저 성전 문을 닫아 줄자가
있었으면 좋겠다고 노여워하신 정도였습니다(말 1:6~10).
오히려 교제의 문을 닫는 것은 언제나 사람들이며, 닫힌
문 앞에서 사람들의 생명이 다하기 직전까지 교제의 문
을 두드리며 기다리시는 것은 하나님이십니다.

정직한 믿음

"볼지어다 내가 문 밖에 서서 두드리노니 누구든지 내 음성을 듣고 문을 열면 내가 그에게로 들어가 그와 더불어 먹고 그는 나와 더불어 먹으리라 (계 3:20)"

내가 주님과 함께 지속적으로 교제한다는 것은 이미 많은 것을 의미하고 있는 것입니다. 나와 하나님과의 관계가 회복되었다는 것은 물론이고, 나의 죄의 원인이 주님 안에서 다루어지고 있다는 것이며, 이것은 또한 내가 이미 십자가를 이해하며 받아들였다는 것입니다.

죄의 문제에 대하여 우리가 보기에 오십 보 백보였던 사울과 다윗이 성경 상에서 다른 점은 지극히 개인적인 하나님과의 교제가 다윗에겐 있었고 사울에게는 찾아보기 어려웠다는 것입니다. 또한 마태복음 7장 23절 "… 내가 너희를 도무지 알지 못하니 불법을 행하는 자들아 내게서 떠나가라 하리라"에서 알지 못한다는 것은, 마리아의 "나는 남자를 알지 못한다"와 같이, 친밀한 영적인 교제가 없었다는 의미가 내포되어 있습니다.

그러므로 우리의 구원을 행위와 믿음 사이에서 찾아

야 하는 것이 아니라, 우리 내면에 친밀한 하나님과의 교제가 있느냐 없느냐로 접근하는 것이 더욱 본질적일 것입니다. 왜냐하면 믿음이 있어서 행위가 바로 온전해지는 것이 아니라, 진정한 믿음은 하나님과의 교제를 회복시키고, 회복된 교제는 강력한 힘으로 우리의 죄를 넘어 온전한 변화를 만들어 내기 때문입니다.

"영생은 곧 유일하신 참 하나님과 그가 보내신 자 예수 그리스도를 아는 것이니이다 (요 17:3)"

우리가 그리스도를 받아들였다면 반드시 하나님은 우리에게 이해할 수 없거나 해결할 수 없는 상황을 주셔서라도 우리 중심에서 좀 더 정직한 질문을 이끌어 내실 것이며, 이러한 질문에 응답하시면서 우리와 좀 더 깊은 교제를 시작하실 것입니다.

그렇게 교제가 지속되어질 때 죄로 인한 정죄함이 사라질 것이고, 의로운 자가 되려고 고군분투하기보다 그분과의 교제가 풍성한 자가 되기를 소망하게 될 것입니다. 그리고 우리는 이미 십자가를 통해 의로워졌다는 것을 조금씩 받아들이게 될 것이며, 마침내 '그분을 아는 것'에 이르게 될 것입니다.

"그가 빛 가운데 계신 것 같이 우리도 빛 가운데 행하면 우리가 서로 사귐이 있고 그 아들 예수의 피가 우리를 모든 죄에서 깨끗하게 하실 것이요 만일 우리가 죄가 없다고 말하면 스스로 속이고 또 진리가 우리 속에 있지 아니할 것이요 (요일 1:7~8)"

다시 말해, 우리의 믿음에 대하여, 그 검증의 무게를 행위에 둘 것인지, 교제에 둘 것인지는 정직한 믿음의 깊이에 따라 달라지게 될 것입니다.

부록

첫 번째 부록
감정일기 1

오늘은 지난번 이야기했던 자신의 마음을 알아가는 훈련 중 감정일기에 대해 나누려고 합니다. 이를 이해하기 위해 인지 치료 이론을 살펴보면, 우리는 어떤 상황을 이해하기 위해, 체계적인 인지 구조를 사용하고 있으며, 이는 각 단계별로 세분화 되어 있다는 것을 알 수 있습니다. 그리고 각 단계별로 우리는 쉽게 오류를 범할 수 있고, 이는 전체적으로 이해하는 데 어려움을 줍니다.

먼저 각 단계를 쉽게 이해하기 위해 아래와 같이 구분하고, 단계별로 생길 수 있는 흔한 실수들을 살펴보도록 하겠습니다.

첫 번째 단계는 정보를 받아들이는 단계입니다.

우리는 오감을 이용하여, 우리 주위의 환경이나 사람에 대한 정보를 받아들입니다. 하지만 우리가 주의깊게 바라보지 않으면, 이 과정에서도 쉽게 오해를 하곤 합니다. 따라서 우리가 어떤 상황이나 사람을 이해해야 하는 상황이 오면 찬찬히 그리고 주의 깊게 바라보는 습관이 필요합니다. 만약 그럴 기회가 없이 상황이 빠르게 지나가 버렸다면, 상황에 따라 다시 확인하는 것이 필요할 수도 있을 것입니다. 예를 들어 출근하는 길에 친한 친구가 회사 앞에서 나를 보고 인사 없이 그냥 지나쳤다면, 즉시로 친구가 나에게 불편한 마음이 생겼을 것이라고 추측하는 것보다, 필요하다면 먼저 나를 본 것이 맞는지를 확인하는 것이 먼저일 것입니다. 다가가 평소처럼 인사를 건네는 것만으로도 상대방의 마음을 어느 정도는 확인하고, 불필요한 오해를 막을 수 있을 것입니다.

두 번째 단계는 내가 받아들인 정보를 해석하는 단계입니다.

정직한 믿음

사람들은 끊임없이 주위 환경과 사람에 대한 정보를 해석하고 그것이 안전한 것인지 등을 확인합니다. 하지만 이러한 즉각적인 해석은 단순한 추측일 뿐이며, 그 추측이 맞을 확률 또한 생각보다 대단히 낮은 것이 사실입니다. 그럼에도 사람들은 자신의 추측을 신뢰하고, 이를 기반으로 섣불리 행동해 버리는 경우가 많습니다.

예를 들어 나에게 인사를 하지 않은 친구가 사실 나를 보았지만 나에게 불편한 감정이 생겨서 나를 외면하였다고 생각하게 됩니다. 그리고 나는 의기소침하여져서 평소처럼 그 친구를 대하지 못하고 피해버리고 맙니다. 하지만 그저 나를 보지 못했던 친구 역시, 나의 갑작스럽게 변해버린 태도에 당황하며, 오해는 점점 깊어지기 시작합니다.

사실 어떤 상황을 추측하는 것 자체는 나쁜 것이 아니며, 긍정적인 역할을 가지고 있습니다. 다만, 우리의 추측을 건강한 방법으로 확인하지 않는다면 우리는 결국 추측의 감옥에서 초췌한 삶을 살아가게 될 것입니다.

칼집 없는 칼이 위험하듯, 검증 없는 나의 추측은 나와 주위 사람들에게 많은 상처를 주며, 무척이나 힘들게 한다는 것을 기억해야 합니다.

세 번째 단계는 나의 판단을 근거로 생기는 감정의 단계입니다.

지난번에 이야기했듯 우리의 감정은 상당히 다양하지만, 우리는 앞에서 언급했던 이유들로 우리의 감정을 확인하고 돌보는데 인색합니다. 따라서 우리는 감정을 잘 이해하지 못할 뿐 아니라, 그것을 표현하는데도 상당히 서툰 경우가 많습니다.

하지만 감정은 우리가 정직해질 수 있도록 도우며, 서로가 서로에게 연결되도록 하여 친밀한 관계를 형성해주기도 합니다. 따라서 우리의 생각보다 감정을 전달하는데 좀 더 훈련되어져야 하며, 또한 익숙한 깊은 감정의 뿌리를 볼 수 있어야 합니다. 그래야만 우리의 복잡한 감정을 이해할 수 있고, 다른 사람들이 속을 알 수 없어 하는 음흉한 모습에서 벗어날 수 있습니다.

정직한 믿음

네 번째 단계는 생각과 감정을 기반으로 한 행동입니다.

최종적으로 나타나는 행동은 상황을 종료시키기도 하며, 또 다른 감정을 유발하며 상황을 좀 더 복잡하게 만들기도 합니다. 따라서 우리는 행동하기 전에 이것이 상황을 쉽게 만드는 것인지, 아니면 도리어 어렵게 만들 것인지 생각해 볼 필요가 있습니다. 많은 경우, 우리의 자존심은 상황을 어렵게 만드는 행동을 선택하기 때문입니다.

두 번째 부록
감정일기 2

지난 시간에 배운 4단계의 인지 과정을 기록하여 감정일기를 완성해 보도록 하겠습니다.

물론 2번째 단계인 해석하는 과정에서 우리의 상처와 중간신념, 핵심신념, 그리고 선입견 등이 우리를 교란하며 우리의 마음을 복잡하게 합니다. 하지만 위에서 설명한 4단계만 잘 연습한다면, 오래지 않아 자신의 깊은 마음에도 도달하게 될 것입니다.

감정일기를 쓰기 위해서는 먼저 세 번째 단계인 자신의 감정에 초점을 맞추어야 합니다. 우리가 정보를 받아들이고 이를 해석한 후, 어떤 감정이 생기는 일련의 과정은 빛처럼 빠르게 일어나기 때문에, 의식적으로 잘 인식할 수 없을 때가 많습니다. 또한 감정이 생긴 후에도 이것이 불편하거나 부정적인 것이라고 생각하는 순간, 빠르게 봉인하여 외면해 버리기 때문에 이를 추적하기도 어렵습니다. 하지만 그나마 우리가 가장 인식하기 쉬운 것이 감정적인 부분이기 때문에, 무엇인가 자신에게 불편한 감정이 생기는 순간, 이를 봉인하던 자신의 습관을 멈추고 천천히 펼쳐보는 훈련이 필요합니다.

위의 예시와 같은 상황에서, 친구의 외면으로 인해 나는 무시나 당황스러운 감정을 느끼기 시작할 때, 이것을 외면하는 대신 어떠한 상황에서 이러한 감정이 시작되었는지 천천히 복기해야 한다는 것입니다.

따라서 ③번 감정을 먼저 쓰고 나서, ①번 상황을 기억해 낸 후, ②번 그 순간의 나의 생각이 어떠했는지 기록해 보는 것입니다. 그리고 난 후 ④번 나의 반응이 어떠했는지도 마저 기록합니다. 내가 아무런 행동도 하지 못했는지, 당사자에게 따지듯 물어보았는지, 아니면 그저

정직한 믿음

마음이 상해 거리를 두고 있었는지, 최대한 정직하게 자신을 탐색한 후, 기록하는 것이 좋습니다. 이때 각 단계에서 혹시 오류나 확인해야 할 것이 있는지 잘 살펴보아야 합니다. 그리고 행동의 강도는 내가 느낀 감정의 강도보다 항상 2~3단계 정도 낮게 수위를 조절하는 것이 필요하며, I-massage를 사용하여 상대방으로 하여금 자신이 지적받는다는 느낌이 아닌, 상한 나의 감정에 초점을 맞추게 하여 추가적인 갈등을 피해야 합니다.

감정일기의 예시

날짜/ 오류	상황	생각	감정 (강도 (1)~(10))	행동 (강도 (1)~(10))
5/30 (오류)	친한 회사 동료가 출근 시 회사 앞에서 나를 보고 외면함.	나에게 불편한 마음이 생겼다고 생각함.	무시(6), 불안(5)	마음이 상해서 거리를 둠(7)
5/30 (오류)	나를 본 것이 맞는가?	나의 추측에 대하여 검증하였는가?	지금의 감정인가? 오래되고 익숙한 것인가?	나의 행동이 관계에 도움이 되는 것인가? 수위는 조절되었는가?

그리고 지속적으로 훈련하여 좀 더 속도가 붙는다면, 행동을 하기 전에 자신의 마음을 통찰할 수 있을 것이며,

이는 좀 더 긍정적인 행동을 이끌어내는 데 도움이 될 것입니다.

하지만 무엇보다 중요한 것은 우리가 정직하게 자신의 감정이나 생각을 기록할 수 있어야 한다는 것입니다. 그리고 나서야 그분은 우리와 함께 일하실 수 있기 때문입니다(잠 2:7).